KB153947

김정은과 바이든의 핵시계

김정은과
바이튼의
핵核시계

알기 쉽게 풀어쓴
'자유 대한민국' 전략노트

곽길섭 저

(원코리아센터 대표, 국민대 겸임교수)

기파랑

안중근
김상협
김준엽
정진동
오복현
정화영
권미애
법정 스님께

다가오는 '진실의 시간'

'승부사 김정은, 도박사 트럼프, 중개사(broker) 문재인.'

필자는 2021년 초까지 한반도의 운명을 요리했던 3인의 지도 자를 이렇게 표현하곤 했다. 승부사, 도박사라는 말 그대로 김정 은과 트럼프는 어느 때는 격한 포옹과 깜짝쇼로 국민들을 설레게 했는가 하면, 또 어느 때는 그 못지않게 격한 대결로 가슴을 졸이 게 했다.

그러나 2018년 한반도에 불어오는 듯했던 봄바람은 짧은 봄만 큼이나 순식간에 지나갔다. 일장춘몽! 이후로 길고도 긴 겨울이 계속되고 있다.

2021년 1월 20일 미국에서는 '도박사' 트럼프가 퇴장하고 미국 의 귀환(America's back)을 기치로 내건 '외교의 달인' 조 바이든이 새로운 리더로 등장했다. 김정은과 벌이는 한반도 핵게임의 맞수가 성향과 정책이 전임자와 180도 다른 인물로 바뀐 것이다.

김정은은 일찌감치 2021년 새해 벽두부터 8차 당대회(1. 5~12)를 개최하고 이른바 '정면돌파전 시즌 2' 체제를 갖췄다. 미국은 4월 말 대북 정책 재검토(review)를 끝내고 '단호한 억지와 외교'의 큰 틀을 발표한 이후 북한이 대화의 장에 나올 것을 촉구하고 있다. 한반도 평화체제 구축에 명운을 걸고 있는 문재인 대통령은 북한의 갖은 막말과 도발에도 불구하고 대화와 협력 복원, '어게인 2018'에 대한 희망의 끈을 놓지 않고 있다. 2021년 들어서도 신년사 등 주요 계기마다 '북한의 한반도 평화 프로세스 호응'을 촉구하고 있다. 5월 21일 워싱턴에서 열린 바이든과의 첫 번째 정상회담에서도 역내 질서 등 민감한 현안과 관련해서는 미측에 많은 양보를 하면서도 남북 간 대화와 교류협력 지지, 대북 관여 정책 추진 약속만큼은 확실히 받아 냈다. 그렇지만 김정은은 자기가 원하는 메뉴(대북 제재 해제, 체제 안전 보장 약속)가 없다며 문재인·바이든에게 밥상을 다시 차릴 것을 요구하고 있다.

김정은·바이든 주연의 신新 한반도 게임은 과연 어느 길로 향할까? 북한 핵·미사일 위기를 푸는 실마리를 찾아 한반도의 봄을 다시 불러올까, 아니면 사느냐 죽느냐의 선택을 강요하는 위기 국면이 재연될까? 그 사이에서 중재자, 촉진자 역할을 자처해 온 임기 말의 문재인 대통령은 어떤 선택을 할까? 아니, 해야 할까? 한반도의 운명을 결정할 진실의 시간이 다가오고 있다.

 이상의 물음에 대한 처방은 이상이나 소망이 아닌 정확한 현실 진단으로부터 시작되어야 한다. 한반도의 핵시계가 다시 돌면 더 없이 좋지만, 우리의 기대와 달리 시계 침이 부러질 수도 있다. 담대한 마음과 장기 포석이 중요하다. 특히 핵위기의 출발점인 김정은과 북한에 대한 종합적이고 입체적인 분석 평가를 선행해야 한다. 트럼프가 빅딜에 실패하고 문재인 대통령의 중재가 수포로 돌아간 이유는 단 한 가지, 실상을 보지 않고 허상, 이벤트를 쫓았기 때문이다. 김정은을 제대로 알지 못했기 때문이다.

 따라서 그 무엇보다도 김정은이 어떤 지도자일까, 폭군인가 전략가인가, 핵을 내려놓을까 아닐까 등, 김정은과 북한 체제를 둘러싼 의문에 대한 객관적인 평가가 중요하다. 그러나 말처럼 쉬운 일이 아니다. 대표적인 예가 김정은에 대한 미국 중앙정보국(CIA)과 트럼프의 엇갈린 평가다. 워터게이트 사건 특종 기자인 밥 우드워드의 저서 『격노(Rage)』(2020)를 보면 CIA는 김정은을 "교활하고 간교하지만, 결국은 어리석다(foolish)"고 평가하고 있는 반면에, 트럼프는 "교활하고 간교하다. 그리고 매우 영리하다(smart)"고 말했다. 시각이 극명하게 차이 난다.

 상대방에 대한 평가가 엇갈리는 만큼이나 정책도 혼미하다. 특히 우리나라에서는 바람직한 대북 정책에 대해 의견이 분분하다.

정·반·합正反合이 아닌 이분법적인 대결로 치닫고 있다. 안보 문제만큼은 이념이나 진영을 떠나 함께 논의해야 하는데 오히려 갈등과 국론 분열을 증폭시키는 소재가 되고 있다. 미·중 패권경쟁에다 코로나19 팬데믹의 장기화까지 더해져 한반도를 둘러싼 주변환경은 한 치 앞을 내다보기 힘든 국면이다. 북한은 핵·미사일 개발 가속 페달을 더욱 세게 밟고 있고, 한반도 중요 이해당사국들은 우리에게 선택을 강요하고 있다. 자칫하다가는 눈 뜨고 코 베일 판이다.

　이 책은 이런 혼미한 상황 속에서 베일에 싸인 김정은과 북한 체제의 실체, 북핵 위기의 본질 등을 독자들이 정확하게 이해하는 데 도움이 되도록 기획되었다. 객관적인 정보를 기초로 가능한 한 쉽게 서술하려고 노력했다. 한편 구호성 평화가 아닌 0.001퍼센트의 위험에도 대비하는 '유비무환의 안보 태세', 소망이나 고정관념이 아닌 '실사구시의 객관적 관점', 과거가 아닌 4차 산업혁명 시대를 대비하는 '미래지향적 글로벌 자세'를 강조하였다.

　모든 일에는 우선순위가 있는 법이다. 지금 우리에게 가장 중요한 것은 이 순간에도 질적, 양적으로 강화되고 있는 김정은의 핵·미사일 능력을 무력화하는 것이다. 현란한 수사나 이상적인 말로 국민을 현혹해서는 안 된다. 북한의 핵·미사일 개발 시계를 멈추게 할 수 없다면 우리도 대응 역량을 강화하는 데 총력을 기울여야 한다. 김정은과 바이든의 선의에만 기대려는 행동은 주권국가의 자세가 아니다. 북핵 동결과 포괄적 비핵화 로드맵 합의가 시급하다. '비핵화 입구론'처럼 북한을 일방적으로 몰아붙이는 해법으로는 김정은을 움직이기 어렵다. 또한 북핵 동결·폐기의 로드맵이 합의되지 않은 상황에서 남북 간 교류협력을 우선시하는 '교류협력 물꼬론'은 더 문제가 많다. 어떻게 해서라도 핵을 포기하지 않으려는 김정은에게 버틸 수 있는 시간과 힘을 제공할 수 있기 때문이다. 균형과 조화의 지혜를 발휘해야 한다.

김정은의 북한은 '한반도 적화통일'이라는 유훈을 계승하고 있는 정권이다. 한반도 게임 체인저라 할 수 있는 핵·미사일 개발을 거의 완료한 상태다. 2021년 8차 당대회에서는 '무력에 기초한 통일'을 당규약에 명문화하기까지 했다. 우리의 미래 세대들이 핵을 머리에 이고 살게 해서는 안 된다. 국가 안전과 국민 생명이 걸린 안보 문제를 실험의 대상으로 삼는 것은 민족과 역사 앞에 죄를 짓는 일이다. 남북관계 발전이 조금 더디더라도, 장기적인 관점과 정공법에 기초하여 완전한 북한 비핵화를 추진해 나가야 한다.

그렇다고 대한민국의 모든 역량을 북핵·북한 문제에만 매몰시켜서도 안 된다. 눈을 더 넓은 세계와 미래에 두고, 자유와 풍요로움이 넘치는 선진 일류국가를 만들어 나가는 데 진력해야 한다. 곧은 길이 안 되면 돌아서 가는 것도 하나의 방법이다. 그래야만 시행착오도 덜 하고 한반도를 넘어 세계의 평화와 발전을 선도하는

'매력 대한민국, 선진 통일 한국'으로 우뚝 설 수 있다.

이 같은 세기적 대전환기에 대한민국 정부가 북핵·북한을 넘어 세계로, 미래로 나아갈 큰 틀에 대한 화두話頭를 제시하고자 이 책을 내놓는다. 다시 한 번 강조한다. 『김정은과 바이든의 핵시계; 알기 쉽게 풀어쓴 '자유 대한민국' 전략노트』는 난해한 이론에 기초한 연구서가 아니다. 34년간 북한을 주시하며 판단보고서나 칼럼을 써 온 필자가 복잡다기한 대북 현안을 최대한 쉽게 설명한 해설서이며, 실천적 대안을 제시한 전략노트이다.

평생을 안보와 국익 그리고 자유민주 통일을 위해 살아온 사람으로서 이 작은 책이 김정은과 북한, 한반도를 둘러싼 헤게모니 경쟁을 보다 정확히 고찰하고 대처해 나가는 데 도움이 되길 바란다.

차례

제1부   김정은과 북한

제2부 북한의 핵과 미사일

제3부   대한민국의 선택

길잡이

북한의 권력구조

　북한은 우리와 핏줄을 나누고 같은 말을 쓰는 한 민족이지만, 자유 대한민국과는 완전히 다른 체제로 70년 이상 갈라져 살아온 나라다. 자유민주주의, 법치와 국민의 권리에 익숙한 대한민국의 잣대로는 북한을 제대로 이해할 수 없다. 대한민국과 북한의 가장 큰 차이 중 하나는 권력구조다. 이 장에서는 북한의 권력구조를 '1인 신정神政 체제', '당 우위', '김정은의 지시가 법보다 우선'이라는 전통적인 세 가지 카테고리로 분류하고, 김정은이 통치하는 지금의 북한을 '혼돈국가(chaos state)'로 새롭게 개념화하였다.

1인 신정 체제

북한은 분단 이후 전통적인 소비에트형 공산주의 체제로 출발했으나, 1960년대 김일성이 유일 독재 체계를 구축하면서 기독교의 논리와 조직을 그대로 베껴 체제 운영에 활용하고 있다. 즉, 수령을 하느님·예수와 같은 유일신으로 자리매김하고, 주체사상(=성경), 유일영도체계 10대원칙(=십계명), 노동당(=교회), 간부(=목회자), 핵심계층(=신도), 중간·적대계층(=비신도)의 신정 체제의 틀을 만들었다.

북한의 정식 국호는 '조선민주주의인민공화국'이지만, 우리가 아는 민주주의 국가가 아니다. 수령 1인의 나라이고, 전체주의 국가다. 인민이 주인이라고 말하지만, 수령론에서 "인민은 당의 지도를 받아야 하고, 당은 수령의 영도를 무조건 받들어야 한다"고 규정하여 '무늬만 인민이 주인'인 나라다. 인민이 전체 주민을 의미하는 것도 아니다. 계급혁명론의 관점에서 수령을 추종하는 일부 사람만이 인민이다.

걸핏하면 '우리 민족끼리'를 내세우는 북한이지만 그 '민족' 개념도 우리와 다르다. 북한에서는 김일성·김정일을 추종하는 사람만이 민족(김일성민족)이며 나머지는 교화와 척결의 대상일 뿐이다.

북한에도 노동당 외에 형식적으로 정당이 있다. 사회민주당과 천도교청우당이 있지만, 집권 경쟁을 하는 정당이 아니라 구색 맞추기용, 이른바 우당友黨이다. 대남·대외 활동에서 노동당을 측면 지원하는 어용 조직, '노동당 2중대'다.

당 우위

북한은 수령 – 당 – 대중의 일심단결과 혁명의 최고 뇌수인 수령의 영도를 강조한다. 수령의 영도는 당을 통해 실현된다. 따라서 당은 정부와 군 위에 군림하는 최고 조직이다. 이는 헌법에도 "조선민주주의인민공화국은 조선로동당의 영도 밑에 모든 활동을 진행한다"(제11조)로 명문화되어있다. 한마디로 북한은 노동당이 수령을 옹위하며 통치하는 집단이다.

정책의 결정과 집행은 중앙당의 '비서국'이 정책을 수립한 후 '정치국'의 심의, 비준을 거쳐 '비서국'이 다시 집행, 감독한다. 당중앙군사위원회는 군사, 당중앙검사위원회는 재정·검열을 지도한다.

김정은이 맡고 있는 공식 직책은 당총비서, 당중앙군사위원장, 당정치국 상무위원, 당정치국 위원, 당중앙위원회 위원, 국무위원장, 최고사령관 등 7개다. 이 가운데 '당총비서'가 가장 대표적인 직함이다. 우리로 말하면 '집권여당 총재 겸 대통령'이라고 할 수 있다.

북한도 우리나라처럼 입법, 사법 체계가 있지만 거의 유명무실한 조직이다. 최고인민회의(대의원: 687명)는 우리의 국회격이지만 거수기 역할만 한다. 회기도 일 년중 1~2일 정도밖에 안 된다. 검찰소나 재판소는 아예 노동당의 팔다리에 불과하다. 주민들의 권익 보호가 아닌 당(정부) 정책 관철의 차원에서 존재한다. 군도 '당의 군대'일 뿐이다.

김정은 지시가 법보다 우선

북한의 당규약 서문을 보면 "조선로동당은 온 사회의 김일성·김정일주의화를 당의 최고강령으로 한다"고 성문화되어 있다.

자유민주주의 국가에서는 상상할 수 없는 일이지만 북한은 신정 체제이고 수령론에 의해 통치되는 곳이므로 수령 (김정은)의 말이 곧 법이고 지고지순의 규범이 된다. 즉, 헌법이나 법률보다 상위의 개념이다. '김정은 지시＞유일영도체계 확립 10대원칙＞당규약＞헌법＞법률' 순으로 보면 된다. 김정은 지시뿐만 아니라 사망한 김일성·김정일이 남긴 이른바 유훈遺訓도 똑같은 개념으로 강제되고 있다.

혼돈국가(chaos state)

김정은은 3대 세습정권의 특성상 선대를 비판할 수 없다. 공개적인 차별화는 자신의 정통성, 집권 기반 약화로 곧바로 이어진다, 그래서 유훈 관철, 계승을 강조하고 있다.

그러나 그 내면을 들여다보면 머리부터 발끝까지 모든 것이 과거와 달라지고 있다. 선군→선당, 늙은→젊은 리더십, 구세대→신세대 교체, 사회주의 계획경제→비공식 경제, 월급→부수입, 평등→양극화, 사회주의→비사회주의, 반미→용미, 통일→평화, 재래식 전력→비대칭 전력 등 이제 북한은 더 이상 김일성·김정일의 북한이 아니다. 김정은식 북한으로 탈바꿈하고 있다.

이 같은 각 분야의 변화는 자연히 불규칙하고 예측 불가능한 혼돈(chaos)으로 나타나고 있다. 그러나 이런 현상을 북한 체제의 불안정 징후로만 해석해서는 안 된다. 혼돈은 새 질서를 창출할 수 있다. 향후 김정은이 이런 변화와 혼돈을 어떤 방향으로 정돈해 나가느냐가 정권 안정과 김씨 일가 영구집권의 중요한 분수령이 될 것이다.

김정은의 북한! 이제부터 본격적으로 그 속을 파헤쳐 보자.

깨지식 **북한의 권력구조**(Q&A)

문 북한에 2인자가 있는가?

답 없다.

2인자는 있을 수가 없다. 김정은 유일^{唯一}영도체계와 배치되기 때문이다. 자의든 타의든 어떤 인물이 '실세'로 인식되거나 입에 오르는 순간 그건 곧바로 죽음을 의미한다. 김정은이 집권한 이후 고모부이자 후견인이었던 장성택을 무자비하게 숙청한 사실을 떠올려 보면 쉽게 이해가 될 것이다.

언론에서 자주 거론하는 김여정도 2인자가 아니다. 김정은을 도와주는 백두혈통의 관리자, 정서적·정치적 동반자일 뿐이다.

문 북한에서 가장 힘센 조직은?

답 당 조직지도부

많은 사람들이 한국에서 1960~70년대 무소불위의 권력을 휘둘렀던 중앙정보부(현재 국정원)을 연상하여 국가안전보위성을 꼽는다. 그러나 북한의 보위성은 수족, 행동대 역할만 수행하는 조직이다.

북한을 실제로 움직이는 부서는 당 조직지도부다. 우리의 청와대

민정수석실, 감사원, 국무총리 직속 인사혁신처 등의 핵심 기능을 망라한 막후 실세 부서다. 보위성이 수족이라면, 당조직지도부야 말로 중추라고 할 수 있다. 간부 선발과 처벌, 각 기관과 지역 당위원회 사업총화 관장, 일일통보체계 가동 등을 통해 북한 사회 전반을 철저하게 장악하고 있다.

문고리 권력인 서기실 요원도 상당수가 조직지도부에서 파견되어 임무를 수행한다. 오직 수령의 보좌와 유일영도체계 확립(잠재적 2인자를 색출·제거)을 위해서만 활동한다.

현재 조직비서는 김정은의 오른팔인 조용원이며, 조직부장은 내각 총리를 지낸 김재룡이다.

문　북한에서 청와대 수석비서관과 같은 역할을 하는 사람은?

답　당비서

당비서들은 산하 전문 부서와 예하 지방 당조직과 공조하면서 정책을 수립, 집행, 감독까지 하므로 우리의 청와대 수석보다 역할이 방대하다.

현재 김정은 당총비서 아래 제1비서와 7명의 부문별 비서 체제로 운영중이다. 특히 8차 당대회에서 신설된 제1비서 직위는 "조선로동당 총비서의 대리인이다"라고 명시되어 있어 주목되나, 현재까지 특정 인물이 보임되지 않은 것으로 추정된다. 따라서 동 직책은 향후 김정은의 업무 부담을 줄이거나 혹시 있을 수 있는 신변 이상에 대비하기 위한 방패막이 성격의 포석으로 평가된다. 김정은의 대리인이라는 역할을 고려해 볼 때, 김여정·조용원 등 핵심 측근이 유력 후보군이다.

문 북한에도 우리나라 공수처와 같은 조직이 있는가?

답 당 규율조사부

아주 똑같지는 않고 유사한 조직이라고 할 수 있다. 북한은 전통적으로 당조직지도부가 당간부들의 생활총화와 검열, 당중앙검사위원회가 재정을 감사해 왔다. 그런데 2021년 1월 8차 당대회에서 당중앙검사위원회에 당검열위원회를 통합시키면서 산하에 집행 부서인 규율조사부까지 신설했다. 규율조사부의 주임무는 간부 기강 확립, 부패와의 전쟁으로 알려지고 있다. 이 밖에 법무부·군정지도부도 신설하여 당·정·군 간부 감시 체계를 보다 강화했다.

국가안전보위성도 유사한 기능을 가지고 있으나, 당원들과 관련된 문제는 일단 당조직에서 먼저 취급된다. 단, 당 책벌이 미흡할 경우에만 국가안전보위성으로 이관하여 가중 처벌한다.

문 북한에서 군의 위상은?

답 수령과 당의 군대

군은 철저하게 수령(당)의 군대다. 김정일의 선군정치 노선 하에서 지위가 다소 상승하기는 했지만 어디까지나 당의 통제 하에서 역할이 기능적으로 제고되는 수준이었다. 김정은 집권 이후에는 선군→선당으로 환원되었다.

군권은 총정치국(사상)·총참모부(군령)·국방성(행정)으로 구분되어 있고 각 부대에는 정치위원이 파견되어 있다. 여기에다 군정지도부, 군보위사령부 감시 등 이중, 삼중의 통제 장치가 작동되고 있다. 그래서 쿠데타는 아예 꿈도 꿀 수 없는 게 북한군의 현실이다 (상세 내용은 본문 제1부 참조).

제1부

김정은과 북한

상대를 알고 나를 알면
백번 싸워도 위태롭지 않다.
知彼知己, 百戰不殆.

— 손자(孫子)

01

집권 10년차 김정은

김정은은 1984년 1월 8일에 출생해 25살이 되는 2009년에 후계자로 내정되었다. 2011년 12월 17일 아버지 김정일이 갑작스럽게 사망함에 따라 27살의 나이에 권력을 물려받았다.

김정은이 최고권력자로 등장하게 된 것은 시대적 환경뿐만 아니라 그 자신의 타고난 정치적 기질과 노력 등이 복합적으로 작용한 결과이다. '운칠기삼'이라는 말이 있지만, 김정은이 후계자가 된 과정도 '운반기반運半技半'쯤은 된다고 할 수 있다. 그의 자질과 노력을 과소평가해서가 아니라, 그만큼 대운大運도 좋았다는 말이다.

소년출세의 대운

세습왕조 집안에서 출생

첫 번째, 가장 큰 운은 더 말할 필요도 없이 사실상 왕조국가인 북한에서 최고지도자의 아들로 태어난 것이다.

21세기 대명천지에 최고지도자의 아들이라는 이유만으로 후계자가 될 수 있었던 것은 북한이 겉으로는 사회주의 국가를 표방하지만 실제로는 신정 체제의 봉건 왕조국가나 다름없고 신라의 골품제나 인도의 카스트 제도 뺨치는 계급사회이기 때문이다.

형들의 이른 낙마

두 번째 운은 김정은의 형들인 김정남과 김정철이 후계자 레이스에서 조기에 낙마한 것이다. 역사에 가정은 없다지만, 만약 두 형이 권력에 욕심을 가졌더라면 김정일의 후계 구도는 지금과 전혀 다른 양상으로 전개되었을 것이다.

김정일과 동거녀 성혜림(1937~2002) 사이에서 1974년 태어난 김정남은 첫아들이기 때문에 어린 시절부터 아버지의 사랑을 한껏 받으며 성장했다. 그렇지만 정식 결혼하지 않은 사이에서 난 아들이라는 한계를 넘어설 수 없었다. 김정일이 김일성의 지시로 김영숙과 정식 결혼한 후 김정남의 처지도 완전히 바뀌었다. 어머니 성혜림이 1970년대 중반 신병 치료를 명분으로 모스크바로 내쳐지자 김정남은 청소년기부터 많은 방황을 하며 자유분방한 세계로 빠져들었다. 이에 따라 김정일도 김정남에 대한 기대를 일찌감치 접고, 또 다른 내연녀 고용희(1952~2004) 소생들(정철, 정은, 여정)에게 더 많은 관심을 가지게 되었다.

이후 김정남은 마카오 등 해외 곳곳에 고급 주택을 소유하고 여자와 도박에 탐닉하는 등 낭인 생활을 이어갔다. 이런 김정남이 후계자로 점지되는 것은 원천적으로 불가능했다. 게다가 2001년 5월에는 일본 밀입국 사건까지 터져 결정적으로 김정일의 눈밖에 났다. 그런데도 오랫동안 일본을 비롯한 국내외의 상당수 전문가들이 김정남을 후계자로 점쳤던 것은 '장남 프리미엄'에 너무 과도하게 집착한 데 기인한 것으로 평가된다.

둘째아들 김정철(1981~)은 고용희의 첫아들이다. 김정철에 대해서도 국내외 언론들은 그가 "중앙당에서 선군 노선을 체계화하는 일을 맡고 있다", "조직지도부 사무실 벽에 '김정철 동지의 사업체계를 세우자'는 표어가 붙어 있다"는 등의 보도를 했었지만, 김정철은 유약한 성격에다 정치보다 기타와 음악을 좋아하는 성향, 여성호르몬 과다분비증이라는 희귀병을 가지고 있는 등의 이유로 후계자 경쟁에서 일찌감치 탈락했다는 게 정설이다. 2006년 6월 초에는 독일에서 열린 유명 기타리스트 에릭 클랩튼의 공연을 보러 갔다가 일본 후지TV의 카메라에 잡혀 전 세계 전파를 타기도 했다. 주 영국 북한 공사로 재직하며 에릭 클랩튼의 영국 공연(2015. 5) 기간중 김정철을 61시간 동안 지근거리에서 보좌했던 태영호 의원은 김정철에 대해 "아침부터 술을 찾고 오직 음악만 생각하는 사람"이라고 평하기도 했다.

어머니의 이른 사망

세 번째, 김정철·정은·여정 삼남매의 생모 고용희가 50대 초반, 즉 김정일 후계 문제가 본격적으로 논의되기 전에 사망한 점도 매우 중요한 고려 포인트다.

1976년경부터 김정일과 동거를 시작한 고용희는 첫 번째 내연녀 성혜림이나 본부인 김영숙과 달리 사망할 때까지 항상 그림자처럼 김정일의 옆에 있으면서 정서적 동반자이자 비서 역할을 수행했다. 이 과정에서 자연스럽게 국정 대소사에 관여했고, 리제강 당조직지도부 제1부부장 등 당·정·군 실세들이 점차 그녀 주변으로 몰려들었다. 그런 고용희가 만약 일찍 사망하지 않고 살아 있었다면, 후계 구도는 사뭇 다르게 진행되었을지도 모른다.

고용희 입장에서는 김정철이 큰아들인 데다 "성격이 온순하여 태평성대를 만들 지도자로 생각했다"는 첩보가 다수 있었다. 고용희가 김정철을 후계자로 의식했었다는 것은, 고용희와 친분을 유지하던 최고의 막후 실세 리제강과 리용철 당조직지도부 제1부부장이 2009년 1월 김정은이 후계자로 내정된 지 몇 개월도 안 되어 연이어 의문사한 것과도 관련이 없지 않아 보인다.

그러나 고용희는 유방암에 걸려 2004년 프랑스에서 치료를 받던 중 사망한다. 어머니의 이른 사망은 김정철과 김정은이 이제부터는 홀로서기를 해야 한다는 것을 의미하는 것이었다. 당연히 정치보다 예술에 관심이 많은 김정철은 점차 후보군에서 멀어졌고, 반대로 야망을 가진 김정은은 김정일의 마음을 사로잡기 위해 더욱 노력했다.

김정일의 갑작스러운 건강 이상과 사망

네 번째, 가장 결정적 요소라고 할 수 있는 것은 2008년 김정일의 건강 이상이다.

북한에서 후계 문제는 김정일의 지시가 없이는 그 누구도 말을 꺼낼 수 없는 극히 민감한 이슈다. 당시 김정일은 건강에 큰 문제점이 없는 데다가 자식들도 아직 어려서 후계 문제에 대해 본격적으로 고민하지 않고 있었다. 다만, 3대 세습에 대비하여 어린 자식들을 주목하면서 태국의 국왕제나 일본의 천황제 같은 김씨 일가가 영구통치할 수 있는 권력구조를 스터디하고 있는 수준이었다. 그러나 2008년 8월 김정일의 뇌출혈로 인한 와병은 그의 심리적 시계와 물리적 건강 상태에 대한 인식을 변화시키는 결정적 계기가 되었다. 이에 따라 북한은 급격하게 후계자 선정 국면으로 진입하게 되었다.

시간적 여유가 많지 않았던 김정일은 새로운 실험을 하기보다는 자신이 직접 경험한 안전한 길, 즉 부자 세습의 길을 선택했다. 김정일의 눈길은 어린 시절부터 정치적인 자질을 보인 김정은에게 기울어질 수밖에 없었고, 당과 군을 대표하는 장성택과 리영호를 후견인으로 지명하여 국정 운영 경험이 일천한 김정은을 보필하도록 조치하였던 것이다.

승부사 김정은

김정은이 대운을 타고났다고는 해도, 운만 가지고 후계자로 낙점된 것은 아니다. 그는 어린 시절부터 자신 앞에 닥친 다양한 어려움을 극복하며 정치적 야심을 키워 온 승부사이고, 아버지 김정일에게 강하게 어필하여 결국 후계자에 오른 입지전적인 인물이다. 대표적인 사례를 세 가지만 들어 본다.

출생의 한계 극복

첫째, 김정은은 서자이고 삼남이라는 핸디캡을 이겨 내고 권력을 쥐었다.

북한은 사회주의를 표방하면서도 봉건적 잔재가 그대로 남아 있는 사회다. 그래서 서자인 김정은은 할아버지 김일성을 할아버지라고 부르지 못하고, 공교육도 제대로 받지 못하며 어린 시절을 보냈다. 같은 또래의 친구들과 어울리지 못하고 과외선생, 경호원, 요리사들과 대부분의 시간을 보냈다. 물질적으로는 풍요로웠지만 마음은 아니었을 것이다. 보통 아이 같았으면 한창 빛나갔을 것이다. 실제로 비슷한 환경에 있던 김정남은 탕아의 길로 빠져들었으며, 김정철은 예술에 심취했다.

권력의지

둘째, 김정은은 아버지 김정일에게 자신의 능력을 어필하려고 필사적으로 노력했다.

김정은이 자라면서 내적으로 가장 싫어했던 사람은 아마 아버지 김정일일 확률이 높다. 어머니를 숨겨진 여인으로 놔두고, 자신을 할아버지 김일성에게 인사도 안 시켜 주고, 친구들과 함께 놀 수 있는 학교에도 안 보내 주고, 조금 성장하니까 급기야 스위스로 보내 버리는 상황을 감수성 예민한 어린 김정은이 어떻게 받아들였을까?

그러나 김정은은 정반대로, 아버지의 사랑을 받고 권력자가 되려는 꿈을 꾸었다. 보통의 아이가 아니다. 스위스 유학 생활을 마치고 나서는 5년제 김일성군사종합대학에 입학하여 군사학과 제왕학 공부에 열의를 보였다. 졸업 후에는 김정일의 군부대 현지지도 수행과 포병 전술 개발 등을 통해 자신의 능력을 김정일과 주변에 각인시킴으로써 후계자의 지위를 쟁취했다.

다음과 같은 증언과 분석들은 권력 승계 작업이 김정일의 비호 아래 조직적으로 주도면밀하게 진행됐음을 뒷받침한다.

김정은이 김일성군사종합대학에서 공부할 때 작전지도에 반영한 포병 이용 계획을 보면 백전노장도 고개를 숙였다. (『존경하는 김정은 대장 동지의 위대성 교양자료』; 이영종, 『후계자 김정은』, 늘품플러스, 2010, 200쪽)

몇 해 전 어느 날이었다. 일군들과 자리를 같이하신 장군님(김정일)께서는 김정은 동지는 담력과 배짱이 강하고 혁명동지에 대한 의리심이 깊으며 지략과 통솔력이 뛰어나고 군사에 능통하다고 말씀하셨다. (로동신문, 2012. 1. 18)

2009년 초부터 북한 내부에서 김정은으로의 권력 승계 작업이 진행되는 정황이 포착되었다. 그해 1월 8일 북한에서는 김정일이 김정은을 후계자로 결정했다는 교시가 리제강 중앙당 조직지도부 제1부부장에게 하달되고, 김정은을 찬양하는 '발걸음' 노래가 보급되었다. 또 그해 5월에는 북한군 대상 내부 문건인 "존경하는 김정은 대장동지의 위대성 교양자료"가 배포되는 등 권력 승계를 위한 작업이 본격화되었다. (지해범, 『중국은 북한을 어떻게 다루나』, 기파랑, 2020, 120쪽)

김일성 아바타로의 변신

셋째, 김정은은 권력을 잡기 위해 젊음마저도 선뜻 버렸다.

김정일은 김정은을 후계자로 내정하고도 곧바로 공식화하지 않았다. 세습을 반대하는 전통적인 후원국 중국의 승인과, 카리스마가 절대적으로 부족한 김정은의 아이덴티티를 만드는 데 시간이 필요했기 때문이다. 그래서 김정일은 병든 몸을 이끌고 2010년 5월과 8월에 중국을 두 차례나 방문하여 후계 구도를 승인받은 후에야 김정은을 후계자로 공식화했다.

> 2010년 8월의 방중 때 김정일은 셋째 아들 김정은을 경호원으로 위장시켜 데려간 뒤 후진타오 등 중국 지도부에 소개하였던 것으로 전해졌다. 당시 중국의 한 북한 문제 전문가는 김정일이 김정은을 대동한 것에 대해 '량상亮相(모습을 드러냄)'과 '탁고托孤(고아를 맡김)'의 의미가 있다고 지적했다. '량상(양상)'이란 아들의 얼굴을 중국 지도자들에게 보이면서 인사시킨다는 의미이고, '탁고'는 자신이 죽은 뒤 고아가 될 김정은을 중국 지도부에 부탁하는 의미가 있다는 분석이다.
> (지해범, 『중국은 북한을 어떻게 다루나』, 202쪽)

이 기간 동안 북한은 김정은을 '제2의 김일성'으로 만드는 작업을 은밀하게 진척시켰다. 모든 준비가 끝나자 김정은은 2010년 9월 28일 3차 당대표자회에서 후계 지위를 부여받은 후, 10월

10일 노동당 창건일 기념 열병식 주석단에 모습을 처음으로 드러냈다.

이날 김정은을 본 사람들은 "젊은 김일성이 다시 환생한 듯한 느낌을 받았다"고 이구동성으로 이야기했다. 김정일과 북한 선전 당국이 철두철미하게 준비한 기획 작품이 성공한 순간이었다.

김정은은 평소 보통 체중의 앳된 아이였다.

프랑스 의사 프랑수아 자비에르 루 박사는 지난 1일(현지 시간) 로이터 통신 인터뷰에서 "2008년 김 위원장의 뇌졸중을 치료했을 때 김정은과 직접 만났다. 당시 김정은은 어려서 (지금보다) 말라 있었다. 당시 김정은은 지금과 같은 호들갑인 지도자의 모습이 아니라 아버지의 병을 매우 걱정하는 보통 어린애 감정을 보였다"고 말했다. (세계뉴스, 2014. 4. 12)

그런데 후계자로 내정된 이후 김일성과 비슷한 체형을 만들기 위해 90킬로그램의 거구로 만들었다. 요즘 한창 문제가 되고 있는 김정은의 초고도비만은 이렇게 시작된 것이다.

이후 김정은은 20대, 30대 청년으로서의 삶은 전혀 없었으며 오직 '제2의 김일성'으로 사는 삶을 강요받다시피 하고 있다.

조기 홀로서기와 핵개발 올인

2011년 12월 김정일 사망 후 공식 집권한 김정은은 국면 주도를 위해, 아버지가 마련해 놓은 안전한 길을 거부하고 정면돌파전을 지휘해 나가고 있다. 2012년 7월 리영호 군총참모장 제거를 신호탄으로 2013년 고모부 장성택 숙청, 2017년 이복형 김정남 암살 등 권력층 재정비를 통해 친정 체제를 확고히 하였으며, 4차례의 핵실험과 120여 회가 넘는 미사일 발사 시험, 그리고 미국과의 판갈이 싸움을 주도해 나가고 있다. 이 밖에 2018년 비핵화 협상으로의 노선 전환과 남북·미북 정상회담 참가, 코로나19 발생 후 중·러 국경 차단, 문재인 정부의 대북 지원 거부 등, 그 어느 하나도 쉽지 않은 선택이었다. 승부사의 면모가 아닐 수 없다.

김정은의 콤플렉스

국가 최고지도자의 심리구조를 분석 평가하는 것은 중요하다. 특히 북한과 같은 1인독재 체제는 지도자가 모든 것을 결정하는 시스템이기 때문에 더더욱 중요하다.

김정은은 서자 콤플렉스를 비롯해 다양한 퍼스낼리티를 갖고 있다. 이러한 심리구조가 주변 상황과 맞물려 긍정적, 부정적으로 표출되고 있다.

서자 콤플렉스

우리 사회에서 서자나 혼외자 문제는 거의 사라졌지만, 유교문화의 잔재로 인해 서자를 차별하는 문화가 있었다. 『홍길동전』에서 "아비를 아비라 부르지 못하고, 형을 형이라고 못하는 이런 원통한 일이 어디에 있사오리까?"라는 길동의 한 맺힌 하소연이 서자 콤플렉스를 한마디로 대변해 준다. 북한은 더더욱 그렇다.

김정은은 김정일의 세 번째 부인 고용희 소생으로, 할아버지 김일성이 끝까지 인정하지 않은 서출이다. 그것도 북한에서 적대계층으로 분류되는 조총련계 재일교포 무용수의 피를 이어받았다. 고용희의 아버지(김정은의 외조부) 고경택은 제주도에서 태어나 일본으로 밀항한 후 일본 군수업체에서 간부로 활동한 사람이다. 김정일의 아들이 아니었더라면 북한에서 살아가는 데 엄청나게 어려움이 많았을 출신성분이다.

그러니까 김정은은 북한이 선전하는 '백두산 줄기'가 아니라 '한라산·후지산 줄기'라 해야 더 맞다. 러시아 하바롭스크에서 태어난 김정일도 후계자로 지명된 뒤 김일성의 항일혁명 전통의 계승자라는 이미지를 만들기 위해 백두혈통으로 조작했으니 그야말로 부전자전이다. 그러나 김일성에게만은 거짓말을 할 수가 없었다. 김정은의 존재는 철저히 비밀에 부쳐졌다. 그래서 어린 시절부터 '할아버지를 할아버지로 부르지 못하고' 생활했던 것이다.

김정은은 1984년생이다. 김일성이 사망한 게 1994년이니 약

10년 동안 같은 하늘 아래 살았다. 그 10년은 김일성이 김정일에게 전권을 위임하고 권력 일선에서 거의 물러나 있던 시기다. 만약 김일성이 김정은을 손주로 인정했다면 한참 귀여워해 줄 시기였다. 그러나 김정은은 평양의 할아버지 품이 아니라 지방의 원산, 창성초대소 등지에서 요리사, 경호원들과 같이 놀며 지냈다.

김정은은 북한에 있을 때 같은 또래들과 함께 공교육도 받지 못했다. 숨겨진 자식이었기 때문이다. 이런 사정으로 인해 북한은 '김정은＝김일성' 우상화 선전을 강력하게 전개하면서도 막상 김정은이 김일성과 같이 찍은 사진 한 장 못 내놓고 있다. 그래서 김정은은 백마를 타고 백두산을 찾고, 선전매체들은 백두혈통론을 대대적으로 선전하고 있는 것이다. 어머니 고용희를 건너뛰고 부인 리설주를 띄우는 것도 이런 이유에서다.

막내·차남 콤플렉스

김정은은 서자인 데다가 이복형들을 포함해 삼형제 중 막내다. 여러 모로 불리한 입장일 수밖에 없었다. 형인 김정남과 김정철의 신상에 문제가 있어 김정일의 낙점을 받기는 했지만, 경쟁심과 긴장의 끈을 놓을 수 없었다. 이런 내적 불안심리가 가장 극명하게 드러난 것이 김정남 암살이다. 이복형이 해외로 떠돌며 권력에 관심이 없음을 수시로 표방했음에도 집권 후 그를 암살하라는 상시명령(standing order)을 하달해 놓았고, 결국 실행됐다.

김정남 암살(2017. 2. 13) 명령은 5년 전에 내려졌으며, 그 지시는 취소명령이 내릴 때까지 계속 유효한 이른바 '스탠딩 오더'였다. (국회 정보위원회 국정원 보고, 2017. 2. 15)

백기를 든 사람을 외국에까지 쫓아가서 살해한 이런 행위는 잠재적인 정적을 제거한다는 차원을 넘어, 마음속 깊이 자리해 있는 서자·막내라는 꼬리표를 떼어 버리려는 행위다.

친형인 김정철도 예외일 수 없다. 김정일 사망 후 김정철이 아버지 빈소에 모습을 드러내지 않고 대중음악에 심취해 살아가는 것도 "권력에 전혀 관심이 없다"는 것을 동생과 주변 사람들에게 알리는 의도된 행동일 수 있다.

대부분의 북한 관련 보도는 김정은을 김정남, 김정철에 이은 셋째, 막내라고 한다. 하지만 어떤 면에서는 차남이 보다 정확한 표현일 수 있다. 장남 김정남은 이복형이고 단 한 차례도 얼굴을 마주하지 않은 관계여서 진정한 형이라고 할 수 없다.

대체로 장남은 책임감과 배려심이 발달하는 것과 함께 동생들이 태어나면서 상실감을 경험하고, 이에 따라 자신감이 줄어들고 보수적 성향을 보인다. 차남은 장남과 달리 아무런 보장도 없이 사회에 던져지기 때문에 적응력은 뛰어나지만, 반항적이며 항상 이기려고 한다. 그래서 큰일을 이루어 내기도 한다. 막내 셋째는 항상 많은 자극과 경쟁 속에서 성장하게 되고 여러 사람에게서 사랑을 받기 때문에 형제를 앞지르고자 하는 욕구가 강하다. 이럴 경우 통상 아버지는 유약해 보이는 장남보다는 적극적인 차남을 더 좋아하게 되지만, 어머니는 거꾸로 유약한 장남에 연민을 가진다.

김정은은 위아래 세 살 터울로 형 정철과 여동생 여정이 있다. 정철은 유약하다는 평을 들을 정도로 조심스런 성격이고, 여정은 아주 발랄하고 주변으로부터 사랑을 많이 받았다. 김정일의 전 전속 요리사 후지모토 겐지는 형과 다른 김정은의 승부욕을 주목하여 후계자감으로 일찍이 지목한 바 있다.

> 농구 게임을 하다 경기가 끝난 뒤 정철은 "수고했다"고 하면서 해산하지만, 정은은 끝난 다음에도 반드시 미팅을 한다. 그리고 지명을 하면서 "동무! 그 패스는 저기가 아니라 여기로 해야지" 그렇게 질타 격려를 할 때도 화를 낼 때도 알고 기쁘게 할 때도 안다. 나는 그 사실이 놀라울 따름이었다. 그래서 두 사람을 계속 비교하며 지켜보면서 만약 김정일이 아들 중 후계자를 선정한다면 그는 김정은이라고 나는 확신했다. (후지모토 겐지, 한유희 옮김, 『북한의 후계자 왜 김정은인가?』, 맥스미디어, 2010, 130-147쪽)

아버지 부정

오이디푸스 콤플렉스는 아들이 어머니에 대해 이성적 애정을 느끼면서 아버지에 대해서는 반항심을 느끼는 심리다. 훌륭한 아버지, 그것도 국가 최고지도자의 아들로 사는 삶에서는 오이디푸스 콤플렉스가 더 크게 작용할 가능성이 크다. 어른이자 권력자인 아버지로부터 언제든 내쫓길지 모른다는 두려움, 반항하면 아버지의 축복을 잃게 된다는 두려움, 자기의 길이 아닌 아버지가 정해 준 길을 가야 하는 상황, 아버지가 준 문제를 하나 해결하면 또 다른 어려운 과제가 기다리고 있다는 중압감 등이 지속적으로 작용하는 가운데 아들은 아버지와 동등해져야 된다고 생각하며, 다른 사람들로부터 인정받으려는 욕구가 매우 강해진다.

김정은은 이런 오이디푸스 콤플렉스를 강하게 느끼며 성장했을 개연성이 크다. 사랑하는 어머니를 할아버지 김일성에게 당당히 인사시키지 못하는 아버지에 대한 원망, 그러나 반항하면 왕자의 삶을 잃을 수 있다는 두려움, 또래 친구들과 한창 어울릴 청소년기에 공교육을 받지 못한 것, 스위스 조기 유학으로 인한 외로움, 귀국 후 김일성군사종합대학에서 후계 수업 시절에 느꼈을 중압감, 후계자로 내정된 후에는 제2의 김일성으로의 강요된 변신, 그리고 무엇보다도 김정은 스스로가 품고 있는 아버지와 같은 최고권력자가 되고 싶은 욕망 등이 김정은의 내면에는 언제나 도사리고 있었다고 할 수 있다. 장성택을 그렇게 일찌감치, 또 그렇게 잔인하게 숙청한 것도 단순히 권력투쟁의 측면을 넘어 '채홍사 역할을 하며 아버지를 술과 여자에 빠져 살게 한 원흉, 어머니를 은둔 속에 살게 한 주범'이라는 어린 시절부터 가슴속 깊이 사무친

원망이 영향을 미쳤을 가능성도 상당하다.

그러나 김정은은 집권 이후 겉으로는 김정일을 영원한 수령으로 모시고 그의 후광을 활용하면서도 실제로는 소리 소문 없이, 머리부터 발끝까지 아버지와 전혀 다른 통치 행태를 보이고 있다. 김정일이 사망하자마자 공식, 비공식 행사에 부인 리설주를 자주 대동하는 것도 어머니 고용희를 막후에 감춰 놓은 아버지에 대한 원망의 반사작용일 가능성이 크다.

김정은은 2012년 4월 15일 김일성 100회 생일 기념 열병식장에서 생애 최초의 공개연설을 한다. 대중연설을 기피하던 아버지를 넘어서는 순간이며, 미지의 새로운 세계로 나가는 인상적인 장면이었다. 게다가 김정일 시대에는 전혀 볼 수 없었던 '영부인 동반'으로 북한 사회는 물론 우리나라에까지 '리설주 신드롬'이 일어났다.

김정일이 기쁨조 파티를 몰래 즐겼던 것과는 달리 김정은은 걸 그룹과 유사한 '모란봉악단'을 창단해 간부, 주민들과 함께 공연을 즐기고 TV로 중계방송까지 한다. 군 수뇌 몇 명과 함께 작은 목선을 타고 연평도 앞 해군기지를 시찰하고 최전방 GP에도 불쑥 나타나곤 한다. 2018년 문재인 대통령 방북 때는 오픈카 퍼레이드를 하고 15만 평양 관중들과 함께 문 대통령의 연설을 들었다. 아버지를 넘어서는 행동이며, 변화와 모험을 즐기는 차남의 면모가 보인다.

김정일의 트레이드마크인 선군정치를 조기에 종식시켰다. 핵개발에 올인하는 한편, 세계 최고를 강조하면서 평양시 현대화 사업에 총력을 경주했다. "유럽의 강처럼 대동강에 유람선을 띄우라"고 지시했고, 평양 려명거리를 초고층 스카이라인으로 변모시켰다.

이런 탈脫 김정일 행보의 큰 카테고리만 해도 열 가지가 훌쩍 넘는다.

1) 공식 석상에 부인 대동
2) 공개연설에 거리낌이 없음
3) 강한 남자 이미지 과시
4) 후견인 숙청 등 조기 홀로서기
5) 용인술
6) 선군先軍 대신 선당先黨정치
7) 체제 운영 목표 현실화
8) 핵개발 올인
9) 예측 불가능한 현지지도
10) 주민 자율 확대
11) 친중 일변도 외교 탈피
12) 통일보다 평화 강조
13) 성역도 과감하게 파괴

이 같은 김정은의 행태는 "나는 당신과 다르다", "나는 아버지와 같은 삶을 살지 않겠다", "나는 정상국가의 정상적인 지도자가 되겠다"는 심리의 표출이라고 생각된다. 이러한 탈 김정일과 최고주의는 지금 당장에는 여러 가지 문제를 낳을 수 있지만, 긴 안목으로 보면 북한의 변화에 적지 않게 기여할 수 있다.

성격장애

2015년 북한의 현영철 인민무력부장이 숙청된 이후 우리 사회에 "졸면 죽는다"라는 말이 유행어로 회자된 적이 있다. 2013년 장성택의 '건성건성 박수친 죄'에 이어, 현영철이 김정은이 참석한 군훈련일군대회 도중 졸다가 처형된 데서 나온 말이었다. 북한군 서열 2위이자 김정은이 직접 발탁한 군의 핵심 실세로 불과 며칠 전까지 김정은을 수행하던 사람이 하루아침에 형장의 이슬로 사라졌다는 보도를 접한 많은 사람들은 김정은의 분노조절장애를 의심했다.

정확하게는 경계선 성격장애(borderline personality disorder)라고 해야 할 것이다. 매우 변덕스럽고 광포한 행동을 보이는 성격장애다. 감정 기복이 심하고, 변덕스럽고 충동적인 행동을 보이는 게 특징이다. 타인과 쉽게 가까워지지만, 또 쉽게 실망과 환멸을 느끼는 극단적인 대인관계를 보이는 일종의 분노조절장애다. 그러나 이런 장애를 가진 사람은 신경증이나 정신분열증 증세를 보이는 사람들과는 확연히 구분된다. 평소 불안감이나 우울증을 거의 보이지 않으며 생활을 잘하기 때문이다. 그래서 겉으로만 보면 아주 멀쩡하다. 그렇지만, 알게 모르게 주변에 고통을 주면서 자신의 행동에 대해 죄의식이나 책임감을 전혀 느끼지 않는 게 공통된 특징이다.

단적으로 김정일 시대에도 공개처형은 있었지만 김정은이 집권한 이후 예전과 비교할 수 없을 정도로 잔인해지고, 처형 횟수와 인원도 대폭 늘어났다. 김정일 시대에는 소총이 주로 사용됐고 처형 인원도 10여 명 수준에 불과했으나 김정은 시대에 들어와서는 중무장 기관총과 비행기를 요격할 때 사용하는 고사포 같은 대공화기까지 동원되고 있다. 처형 인원도 수백 명으로 대폭 늘어났다. 총살형에 사용되는 구경 14.5밀리 대공화기는 4개의 총신에서 분당 1,200발을 발사할 수 있는데 이런 중화기를 사람에게 발사하면 시신이 찢겨 거의 형체를 알아볼 수 없게 된다. 게다가 사격이 끝나면 화염방사기를 동원해 시신을 흔적도 찾을 수 없도록 태워 버린다. 더 이상 잔인할 수 없는 처형 방법이다. 이런 공개처형을 참관하는 사람들에게는 "고개를 숙이거나 눈물을 보여서는 안 된다"고 사전에 경고하고, 처형 후에는 소감문까지 쓰도록 강요하고 있다고 한다.

한편 처형도 전격적으로 이루어지기 일쑤인데, 2015년 현영철의 경우가 대표적이다. 그는 4월 28일까지 활발한 공개활동을 하다가, 4월 30일 김정은과 군 행사 참석자들의 기념촬영 때 모습이 보이지 않았다. 체포된 지 불과 하루이틀 만에 전격적으로 처형되었음을 시사한다. 한 나라의 무력을 관리하는 수장을 적법한 절차도 거치지 않고 이렇게 즉결, 속전속결 처형하는 나라는 아마 지구상에 북한밖에 없을 것이다.

김정은 집권 이후 김일성·김정일 시대와 달리 군부 인사를 수시로 단행하고 계급장을 뗐다 붙였다 하는 것 역시 이러한 경계선 성격장애와 연관지어 해석할 수 있을 것이다.

채규만 한국심리건강센터장은 "김정은이 상반된 기분이 왔다 갔다 하는 양극성 성격장애를 가지고 있어, 분노와 연결되면 사람을 잔인하게 공격할 수 있다"고 분석했다. 실제로 탈북민들이 전하는 북한 권력층 내부의 분위기는 "언제 자신도 당할지 모른다", "김정은에게 가까이 다가가는 순서로 죽는다", "권력에 너무 가까이 가면 타서 죽고, 너무 멀어지면 얼어 죽는다"고 생각하는 등 두려움이 짙게 깔려 있다고 한다.

김정은의 성장기는 최고권력자의 숨겨진 아들, 서자로 살면서 아버지와 할아버지로부터 사랑받고 싶은 마음과 혹시 반항하면 많은 것을 잃을 수 있다는 두려움, 즉 늘 경계선에서 고민한 삶이었다. 김정은이 이렇게 측근들을 충동적으로, 그것도 잔인하게 처형하는 성격장애를 보이는 것은 이렇게 어린 시절부터 마음속 깊은 곳에 억눌려 있던 콤플렉스와 트라우마가 특정 사건을 계기로 폭발하는 것으로 진단된다.

서구 동경, 낭만성

다음으로 김정은을 관통하고 있는 중요한 인성 중의 하나는 서구 동경 심리다.

김정은은 10대 초반인 1996년 스위스로 유학을 떠나 2000년 말 귀국할 때까지 청소년기 약 5년 동안을 서구 사회에서 보냈다. 폐쇄 국가인 북한에서 철저한 통제 하에 자란 그에게 스위스 생활은 상당한 문화충격으로 다가왔을 가능성이 크다. 지금은 제재 국면이라 국제 교류협력이 어렵지만 김정은의 마음 한켠에는 서구 동경 심리가 자리 잡고 있을 가능성이 높다.

김정은이 취임 직후 미 제국주의의 상징인 미키 마우스 등 디즈니 캐릭터와 팝송을 동원해 공연하고 이를 TV를 통해 송출한 것은 매우 상징적인 행위라고 할 수 있다. 마식령에 국제 규모의 스키장을 건설하고 삼지연, 양덕, 원산 등을 개발하면서 유럽 스타일의 알록달록한 건물을 짓는 것도 해외 유학 시절의 추억이 작용한 결과라고 평가된다.

실제로 김정은은 스위스에서 귀국한 후 외부 세계의 발전에 비해 북한이 낙후한 데 대한 소회를 솔직하게 털어놓은 적이 있다.

우리나라는 다른 나라에 비해 공업기술이 한참 뒤떨어져 내세울 것이라곤 지하자원인 우라늄 광석 정도일 거야. 초대소에서도 자주 정전되고 전력 부족이 심각해 보여. (……) 일본이 미국에 졌지. 하지만 멋지게 부활한 거 아냐. 상점에 가 봐도 물품들이 얼마나 넘쳐나던 지. 우리나라는 어떨까. (……) 위(김정일)에서 들은 이야기지만 지금 중 국은 여러 가지 면에서 성공하고 있는 것 같아. 공업이나 상업, 호텔, 농업 등 모든 것이 잘나가고 있다고 얘기하더군. (……) 우리나라 인 구는 2,300만 명인데 중국은 13억이라는 인구를 가졌는데도 통제가 잘 되고 있다는 게 대단한 거 같아. 전력 보급, 농업, 식량 수출도 성 공적이라고 하더군. 여러 면에서 우리가 본보기로 삼아야 해. (후지모 토 겐지 증언, 2000년 8월 원산~평양 간 열차 속에서 나눈 대화)

서구 동경 심리와 함께 낭만적인 기질도 주목된다. 김정은은 취 임 직후 평양 능라인민유원지 준공식에 참석하여 고모 김경희, 최 룡해 등 당·정·군 간부들과 류훙차이劉洪才 주 북한 중국 대사 등 과 함께 바이킹과 유사한 '회전매'라는 놀이기구를 타며 매우 즐 거워했다.

국가를 움직이는 연로한 수뇌부와 평양 주재 외교관들이 놀이 기구를 함께 타는 모습은 흔히 볼 수 있는 일이 아니다. 김정은이 니까 가능한 것이다. 미국의 한물 간 농구선수, 코에 피어싱을 해 북한 주민들에게는 괴물로 보일 수도 있는 데니스 로드먼을 두 번이나 초청해 즐기기도 했다. 자신의 잘못을 거침없이 인정하고 인민대중 앞에서 눈물을 보이기까지 하는 모습은 수령의 무오류 성이 지배하는 북한 사회에서는 파격이 아닐 수 없다.

물론 이같은 김정은의 낭만적 기질에 대해 "자기밖에 모른다", "복선이 있다"는 등 부정적인 평가도 만만치 않다. 당연히 경계해야 한다. 그렇지만 변화라는 측면에서 보면 주변의 시선에 개의치 않고 상황을 즐기며 다른 사람들의 행동 변화를 자극하는 스타일이라고도 할 수 있다.

결단력 등 긍정적 인성도

김정은이 잔혹한 기질을 보인다 하더라도, 무조건 부정적으로만 평가해서는 복합적인 성격과 리더십 분석, 대응책 수립에서 오류를 범할 수 있다. 콤플렉스는 부정적인 것만이 아니며, 사회생활의 좋은 자극제가 되기도 한다. 콤플렉스는 성취 욕구를 자극할 수 있는 데다가, 정치 지도자는 자신의 성격과 무관하게 정치적 행위를 할 수밖에 없는 운명을 짊어지고 살기 때문이다. 김정은은 서자이자 막내·차남이라는 주어진 운명을 자기 힘으로 타개하기 위해 부심한 인물이다. 정치 지도자의 행위를 분석 평가할 때는 '지도자 개인', '국가', '체제'의 세 가지 분석 레벨과 함께 주변 인물과 상황 등 다양한 요소들까지 종합적으로 고려해야 한다.

먼저, 김정은의 잔인한 숙청과 조기 홀로서기, 핵정책 등은 그의 결단력과 분리해서 생각할 수 없다. 만일 김정은이 심약하거나 현실에 안주하는 성격이라면, 과연 아버지가 고심 끝에 만들어 놓은 권력틀을 그렇게 빨리 깨뜨릴 수 있었을까? 미국과 판갈이 싸움을 해 나갈 수 있었을까? 트럼프 전 미국 대통령이 미북 관계가 최악으로 치닫던 2017년 5월 "김정은은 군 장성들을 포함해 매우 어려운 사람들을 상대하고 있는데, 꽤 똑똑한 사람(pretty smart cookie)"이라고 긍정 평가한 것은 많은 것을 시사한다.

2013년 2월 단행한 3차 핵실험도 이러한 관점에서 볼 수 있다. 공식 집권 후 채 1년도 지나지 않은 과도기적 시기에, 그것도 한국을 비롯 미국, 중국 등 주변국의 정권 교체기에 핵실험이라는 카드를 선택하는 것은 쉽지 않은 결정이었을 것이다. 2018년 비핵화 협상으로의 노선 전환도 결단력으로 설명이 가능하다. 이 같은 캐릭터가 형성될 수 있었던 것도 아버지를 넘어서려는 잠재적인 심리와 주어진 현실에 반항하며 도전하는 차남 콤플렉스와 연관 지어 볼 수 있을 것이다.

이처럼 김정은은 어린 시절부터 늘 경계선에서 선택을 해야 하는 삶을 살아왔고, 조기 해외 유학을 통해 자유와 다양한 문물을 접촉한 경험 등으로 인해 파격과 결단을 선호하는 성격, 그리고 서구 동경과 낭만적 심리를 가지게 된 것으로 분석된다.

이런 배경을 염두에 두고 집권 이후 김정은의 통치 행태를 종합적으로 분석 평가하면 '콤플렉스와 야망을 지닌 승부사, 독재자'라고 할 수 있다. 그래서 김정은은 때로는 폭군의 모습으로, 때로는 전략가의 모습으로 나타나고 있는 것이다. 부분만을 강조하면 전체를 놓칠 수 있다. 지금 당장은 개혁과 개방이 자신의 정권 안정에 부정적으로 작용할 수 있기 때문에 조심스럽게 접근하고 있지만, 김정은의 이러한 심리는 향후 북한 사회 변화의 모멘텀으로 작용할 수 있다.

권력 장악에 마침표

김정은은 서자, 막내·차남이라는 신분, 스물다섯 어린 나이라는 핸디캡을 극복하고 2009년 1월 후계자로 내정됐다. 이는 첫째, 봉건 왕조국가의 세습 체계처럼 백두혈통으로의 승계가 기정사실화된 정치사회적 구조, 둘째, 형 김정남과 김정철의 특이한 성격과 행동으로 인한 조기 낙마, 셋째, 어린 시절과 후계 수업 기간중 김정일에게 어필한 정치적 자질, 넷째, 김정일의 갑작스런 뇌졸중 발병(2008. 8) 등이 복합적으로 작용한 결과다.

짧은 후계 수업

김정일에서 김정은으로의 권력 이양은 김일성에서 김정일로의 이양 때와 너무나 달랐다. 아버지 김정일이 노동당에서 10여 년간의 후계 수업과 김일성과 20년간 공동통치, 김일성 사후 3년간의 유훈 통치 등 약 33년의 준비 과정을 거친 후 최고권력자의 자리에 오른 것과 달리 김정은은 준비 시간이 턱없이 부족했다.

제도적 차원에서 김정은의 권력 구축 작업은 2009년부터 2011년까지 3년간의 후계자 시절에는 비공식적으로 보위성의 막후 지휘, 공식적으로는 당 중앙군사위원회 부위원장 자격을 통해 수행되었다. 김정은의 트레이드마크가 된 '공포 통치'는 이미 이 기간중 잉태되고 있었다. 김정은은 보위성 지도활동의 첫 사업으로 대남사업일군 사상 재검토에 착수하여, 노무현 정부 때 대남 접촉의 최일선에서 활동한 최승철 당통일전선부 부부장과 권호웅 남북고위급회담 수석대표를 비롯한 6명을 허위보고, 남한 간첩, 부패 등 혐의로 공개총살했다. 그리고 상당수의 대남 전문일군들을 혁명화 또는 정치범수용소로 추방했다. 일종의 시범 케이스 숙청이었다고 할 수 있다.

탈북민의 증언에 의하면, 2008년 새로 출범한 이명박 정부가 "참여정부 10·4 선언을 계승·이행할 것"이라는 통일전선부의 판단 보고와 달리 강경 정책을 구사하자 이에 대한 책임을 대남 부서에 돌린 것이라고 한다. 당시 이미 고사총이 처형 수단으로 사용되었으며, 시신이 형체도 알아볼 수 없게 되는 장면을 눈앞에서 본 동료들은 며칠 동안 식사도 하지 못했다고 이 탈북민은 증언한다.

김정일 사후 공백 없이 당·정·군 최고 직위에

2011년 12월 17일 김정일이 사망하자 김정은은 전혀 머뭇거림

없이 김정일이 가지고 있던 지위에 신속 취임함으로써 과도기적 국면에서 일어날 수 있는 권력누수나 투쟁의 소지를 제거했다. 김정일 사망 후 불과 10여 일 지나 12월 30일 군 최고사령관을 시작으로, 2012년 4월 13일까지 당·정·군 최고 직책에 모두 취임하는 데 4개월이 채 걸리지 않았다.

공식 집권 후에는 북한 체제의 뇌수인 당조직지도부와 행동대 격인 국가안전보위성을 전면에 내세워 숙청과 공포통치를 하면서 노동당의 기능을 정상화시키는 데 주력했다. '운구차 7인방' 숙청과 일선 후퇴, 롤러코스트 식 군 인사, 김정은이 참가한 회의에서 졸았다는 등 사소한 죄목을 단 숙청, 특히 대공 고사총을 이용한 잔인한 공개처형 등은 이미 세간에 많이 알려진 김정은의 특이한 용인술이다.

공격적 인사와 정책 노선

김정은이 단독 집권 후 권력을 장악하고 통치해 나가는 과정에는 몇 번의 주목할 전환점들이 있었다.

2012년 4월, 미국과의 2·29 합의를 무시하고 실시한 광명성 3호 발사, 이후 4차례의 핵실험과 120여 차례의 미사일 발사 시험을 통해 비대칭무기 개발에 올인했다.

2013년 6월, '유일영도체계 확립을 위한 10대원칙' 개정을 통해 김씨 일가의 영구통치 규정을 명문화했다.

2013년 12월, 고모부이자 후견인인 장성택을 숙청하고 조기에 홀로서기에 나섰다.

2016년 5월, 36년 만에 7차 당대회를 소집해 김정은 시대의 출범을 공식 선언했다.

2017년 2월, 이복형 김정남을 암살함으로써 장차 있을지 모를 정치적 후환을 제거했다.

2017년 11월, 핵·미사일 개발 완료를 선언하고 비핵화 협상으로 정책을 전환했다.

2019년 2월, '하노이 노딜'이라는 외교 대참사를 겪고 나서는 대미 강경 노선으로 회귀했다.

2021년 1월, 8차 당대회를 개최해 자력갱생과 핵·미사일 전력 고도화를 골자로 한 '정면돌파전 2.0'을 천명했다.

10년 만에 김일성·김정일의 반열에

이런 일련의 과정에서 특별히 큰 의의를 갖는 정치 행사는 2016년의 7차 당대회와 2021년의 8차 당대회다.

36년 만에 열린 7차 당대회에서 당위원장 직제를 신설한 데 이어 최고인민회의에서 국방위원회를 폐지하고 국무위원회를 새롭게 조직한 것은 김정일 시대의 비정상적인 선군통치 노선에서 탈피해 사회주의 체제 운영의 기본 원리인 '당 우위 국가 체계'로 회귀하려는 제도적 포석이었다. 혈통 승계 정권의 특성상 전임자를 공개비판할 수 없는 상황에서 사실상 선군정치 종식, 김정일 시대의 종언을 선언하고 자신의 시대가 새롭게 시작되었음을 공식화한 것이다.

김정은은 그로부터 5년이 채 안 지나 또다시 8차 당대회를 소집하고 김일성·김정일의 직함 대표직함인 당총비서에 취임함으로써 김일성·김정일과 같은 반열에 올랐다. 개정 당규약에서는 선대이름과 주체·선군 등 용어를 가능한 지웠다. 이로써 김정은은 권력 공고화에 사실상 마침표를 찍었다.

이처럼 김정은이 빠른 시간 내에 권력을 장악하는 데 성공할 수 있었던 것은 수령론, 후계자론 등 북한 특유의 권력이론이 뒷받침된 가운데 법·조직·인사의 제도적 조치와 백두혈통 우상화 등 상징 조작, 정책 노선 등이 유기적으로 작동한 데 기인한다. 특히 대내적으로 공포통치를 통해 김정일이 생전에 마련해 놓은 후견인들과의 공동통치 구도를 조기에 깨뜨리고, 대외적으로 핵·미사일 개발에 올인하고 비핵화 협상을 통해 갈등 구조를 끊임없이 창출한 것이 역설적으로 권력 공고화에 결정적으로 작용했다고 평가된다. 김정은이 희대의 잔인한 독재자·냉혈한이기 때문에 인정하기 싫겠지만, 그의 집권 10년은 '하이 리스크, 하이 리턴(High risk, High return)'의 승부사다운 전략전술이 성공했음을 부정할 수 없다.

김정은의 북한

대전략

북한은 '당 우위 국가 체제'다. 우리나라로 말하면 정부가 아니라 집권 여당이 국정을 이끌어 나가는 것이다. 북한에도 형식상 헌법이 있지만, 그보다 당·국가 건설의 총체적 방향을 담은 '노동당 규약'이 실질적으로 우리의 헌법과 같은 역할을 한다.

북한 체제가 나아갈 방향을 규정하고 있는 당규약 전문은 "온 사회의 김일성·김정일주의화를 최고 강령"으로 규정한 가운데, 당면 목적으로 북한 내 사회주의 혁명을 기초로 남한 혁명까지 수행한 후 최종적으로는 김일성의 주체사상으로 일색화된 공산주의 사회를 건설한다는 것을 명문화하고 있다.

조선로동당의 당면 목적은 공화국 북반부에서 부강하고 문명한 사회주의 사회를 건설하며 전국적 범위에서 사회의 자주적이며 민주주의적인 발전을 실현하는 데 있으며 최종 목적은 인민의 이상이 완전히 실현된 공산주의 사회를 건설하는 데 있다. (2021년 1월 8차 당대회 개정 당규약)

최근 우리 사회 일각에서는 김정은이 아버지 김정일과 달리 정상국가 지도자의 행태를 보이고 있고, 개정 당규약에서 '민족해방민주주의혁명' 표현이 삭제된 것을 두고 북한의 기본 전략노선이 변했을 가능성을 제기하는 주장도 있다. 그러나 당규약과 헌법에 규정한 체제 목표의 근간에는 전혀 변화가 없으며, 오히려 김일성·김정일 사당私黨화와 핵무력에 기초한 통일을 명문화하는 등 퇴행적인 모습을 보이고 있다.

김정은의 대전략을 김씨 일가 영구통치 기반 구축, 북한식 사회주의 강국 건설, 한반도 공산화 통일의 3가지로 대별해 살펴보자.

김씨 일가 영구통치 기반 구축

첫째, 김씨 일가 영구통치 기반 구축이다.

김씨 일가가 영구통치하는 나라를 건설하기 위한 시도는 (1) 김일성·김정일의 유훈, (2) 노동당 규약, (3) 유일영도체계 확립 10대원칙 등에 잘 나타나 있다.

김일성은 생전에 "아들이 못 하면 손자 대에 가서라도 혁명 과업을 완수할 것"을 수시로 강조했다. 김정일도 이른바 '10월 8일 유훈'을 통해 "김정은을 중심으로 주체혁명 위업을 계승 완성해 나갈 것"을 당부했다.

프롤레타리아 독재 원칙을 깨고 부자 세습을 통해 권력을 승계한 김정은은 집권하자마자 2012년 4월 4차 당대표자회를 소집해 당의 지도적 지침을 '주체사상'에서 '김일성·김정일주의'로 변경하고, '온 사회의 김일성·김정일주의화'를 최종 목적으로 규정했다. 급기야 2013년에는 39년 만에 '유일사상체계 확립 10대원칙'을 '유일영도체계 확립 10대원칙'으로 개정하고, 제10조 2항에 "우리 당과 혁명의 명맥을 백두의 혈통으로 영원히 이어 나가며"라고 대를 이은 백두혈통 세습을 명문화했다.

사회주의 강국 건설

사회주의 강국 건설론의 연원은 김정일로 거슬러 올라간다.

1998년 김정일은 아버지 김일성의 3년상을 끝내고 자신의 통치 시대를 본격 개막하면서, 소련과 동유럽 사회주의권 붕괴 이후 계속돼 온 국가 위기를 극복하고 주민들에게 미래에 대한 비전을 심어 주려는 목적으로 '사상강국, 정치강국, 군사강국, 경제강국' 건설을 목표로 한 '강성대국론'을 처음으로 제시했다. 이후 김일성 생일 100주년인 2012년을 목표연도로 설정하고 북한 사회를 총동원 체제로 몰아넣었다. 이어, 김정은을 후계자로 공식화하기 위해 소집한 2010년 9월 3차 당대표자회에서는 아예 당규약까지 수정하여 노동당의 당면 목적을 '사회주의 완전 승리'에서 '사회주의 강성대국 건설'로 변경했다.

그런데 김정은은 집권 초기부터 비현실적인 강성대국이라는 말 대신 '강성국가, 강성부흥'이라는 표현을 주로 사용했다. 마침내 2012년 4차 당대표자회에서 당규약에 명문화된 '강성대국'을 '강성국가'로 수정했다. 대국에서 국가로 글자 한 자 바꾼 것이었지만 김정은의 현실적, 실용주의적 리더십을 보여 주는 상징적인 행위였다고 할 수 있다. 최근 김정은이 강조하고 있는 자력갱생, 정면돌파전, 새로운 전략무기 개발이나 개정 당규약의 '부강하고 문명한 사회주의 사회 건설' 당면목표도 이러한 사회주의 강국 건설론의 연장이다. 김정은은 청년동맹 10차대회에 보낸 서한(2021. 4. 28)을 통해 2036년경까지 사회주의 강국 건설을 완료하는 중장기 구상을 밝히기도 했다.

우리 당은 앞으로의 5년을 우리식 사회주의 건설에서 획기적 발전을 가져오는 효과적인 5년, 세월을 앞당겨 강산을 또 한 번 크게 변모시키는 대변혁의 5년으로 되게 하려고 작전하고 있습니다. 그리고 다음 단계의 거창한 투쟁을 연속적으로 전개하여 앞으로 15년 안팎에 전체 인민이 행복을 누리는 융성번영하는 사회주의 강국을 일떠세우자고 합니다.

한반도 공산화 통일

북한은 해방 직후부터 대남 전략 목표를 '남조선혁명을 통한 공산화 통일'로 설정하고, 대내외 환경과 혁명 역량을 고려하여 무력도발과 평화공세라는 냉온탕 전략전술을 번갈아 구사해 왔다. 북한의 이러한 대남 혁명 전략의 근간은 김정은 정권이 출범한 이후에도 변하지 않았다.

이는 김정은이 2012년 4차 당대표자회, 2016년 7차 당대회에서 당규약 전문을 개정하면서도 "전국적 범위에서의 민족해방 민주주의 혁명 수행"이라는 표현에는 손을 대지 않은 것에서 잘 알 수 있다. 북한 내 민족해방 인민민주주의 혁명은 1950년대 중반 이미 완료되었기 때문에, '전국적'이란 남한까지 포함한 한반도 전체를 가리키는 것이다.

한편 북한은 2021년 8차 당대회에서 "전국적 범위에서의 민족해방민주주의 혁명 수행"→"전국적 범위에서 사회의 자주적이며 민주주의적인 발전을 실현"으로 변경하였는데 이는 상투적인 용어혼란 전술의 일환이다. 즉 민족해방, 혁명이라는 거부감을 주는 단어를 빼고 자주, 민주주의적 발전과 같은 순화된 용어로 대체한 것은, 북한이 사용하는 '자주'는 곧 민족해방, 주한 미군 철수를 통한 반제反帝 정권 수립과 동의어이고 '민주'는 국가보안법이 폐지되고 공산당 활동이 합법화되는 사회주의 사회 건설을 의미하기 때문에 '얼굴은 똑같은데 분칠만 새로 한 격'이라고 할 수 있다. 더구나 최종 목적을 "공산주의 사회 건설"로 보다 명확히 했다. 한 발 더 나아가, "강력한 국방력으로 통일을 앞당긴다"는 문구를 명문화함으로써 무력 적화통일 노선을 더욱 노골화하였다.

이상의 대전략을 뒷받침하는 수단은 무엇일까? 바로 핵무기와 내부 옥죄기를 근간으로 하는 정면돌파전이다.

그러나 상황은 만만치 않다. 석탄·광물 수출 금지 등 국제사회의 촘촘해진 대북 제재망과 2020년 이후 코로나19로 인한 대중 국경 폐쇄로 북한의 외환보유고는 조만간 바닥을 보일 수도 있다. 2020년 1월 한국은행은 "북한이 2014년을 기준으로 30억 1천만~66억 3천만 달러 사이의 외화를 보유하고 있었으나, 대북 제재가 시행되면서 2014년부터 2016년까지 연 1억 달러 내외씩 줄어들다가 2017년부터는 10억 달러 이상이 감소한 것으로 추정된다"고 밝힌 바 있다.

그러나 김정은은 '대전략 포기=정권기반 약화'라는 사실을 누구보다도 잘 알기 때문에 그 어떤 상황에서도 대전략을 포기하지 않을 것이며, 바이든 정부의 대북 정책 방향·경제 상황 등을 종합적으로 고려하여 전술적 변화를 모색해 나갈 것으로 예상된다.

외부의 적이 생명줄

김일성은 북한 왕조를 건국한 시조이고, 김정일은 김일성의 곁에서 30여 년 동안 공동통치를 한 지도자이기 때문에 북한 주민들은 그들의 권력 정통성에 대해 별다른 의문을 품지 않았다. 그러나 김정은은 조금 다르다. 갑작스럽게 등장한 젊은 지도자다. 게다가 북한의 선전과 달리 '백두산이 아닌 한라산 줄기의 서자'라는 치명적인 '출생의 비밀'을 가지고 있다.

부족한 카리스마를 채우려면

막스 베버는 권력의 정통성 유형을 전통적 지배, 합법적 지배, 카리스마적 지배로 나누었다. 김정은의 경우 '전통적 지배'는 선대가 후계자로 지명하는 순간에, '합법적 지배'는 법·제도·인사 차원의 제도적 기반 구축을 완료하면서 어느 정도 충족되었다. 그렇지만 북한 주민들에게 친숙한 지배 유형인 '카리스마적 지배'는 김정은이 아무리 백두혈통을 강조하고 백두산에 자주 오른다고 하더라도 아직 젊은 나이와 경험 부족으로 인해 단기간 내에 생성하기 어려운 높은 벽이라고 할 수 있다.

막스 베버는 "개인적인 카리스마가 입증에 의하여 타당하게 되는 한에서만 카리스마적 지배는 정당하다"고 했다. 김정은도 카리스마의 한계를 한꺼번에 넘어서려면 새로운 정책을 선포하고 자신의 능력을 직접 보여 주는 수밖에 없다. 정치 지도자가 새로운 비전을 설파하고 변화를 이끌어 나가는 데 정책만큼 좋은 방안이 없다.

과감하고 혁신적인 정책은 (1) 대전략가로서의 지도자 이미지를 각인시키고, (2) 전임자와의 자연스러운 차별화를 도모할 수 있으며, (3) 변화를 거부하거나 잠재해 있는 수구 세력들의 입지를 어렵게 만들고, (4) 나아가 숙청이나 자연스러운 세대교체를 할 명분을 만들 수 있으며, (5) 주민들에게는 보다 나은 미래에 대한 새로운 기대감을 심어 주기 때문이다. 덩샤오핑(등소평)의 '흑묘백묘론'에 입각한 개혁·개방 정책이 '마오쩌둥(모택동)의 중국'을 '덩샤오핑의 중국'으로 변화시키는 중요한 수단이 되었던 점을 상기하면 이해가 될 것이다.

김정은에게 정책의 의미는 과거 김일성·김정일 시대, 이념의 시대 때와 완연히 다르다. 정책을 통한 정통성 보전과 민심 획득은 김정은에게는 선택이 아니라 필수다. 이런 상황에서 최고의 당면 현안인 핵정책은 김정은의 권력 공고화 과정에서 외부로의 관심 전환과 카리스마 창출, 자신을 중심으로 한 결집 효과 제고에 크게 기여하고 있다.

외부 긴장 조성으로 강한 지도자 이미지 구축

지도자가 국내정치적 지위 강화를 위해 전쟁을 포함한 모험적인 대외 정책에 호소한다는 게 국제정치학의 '관심전환 이론'이다. 1998년 성추문 사건으로 탄핵 위기에 몰린 미국 클린턴 대통령의 이라크 공습이 좋은 사례다. 국가에 외교안보상 위기가 발생하면 국민의 애국심 때문에 지도자에 대한 지지가 급등하는데 이를 '결집효과(rally'round the flag effect)'라고 한다.

북한은 6·25 전쟁 이후 북한 주민들에게 미국이 또다시 침략할 수 있다는 위기의식, 이른바 '피포위의식' 주입을 통해 김일성·김정일·김정은을 중심으로 한 체제 결속을 도모해 왔다. 특히 핵개발은 이런 효과를 창출하는 데 딱 좋은 소재다. 김정은은 집권 이후 핵·미사일 개발에 총력을 경주하면서 전면전 불사 의지를 수시로 표명했으며, 2015년 8월 DMZ 목함지뢰 도발 때는 준전시상태까지 선포한 바 있다. 또한 주요 계기마다 전 지역·기관별로 반미 결의대회를 개최하여 전 사회적으로 총동원 분위기를 고조시키고 있다.

김정은의 이같은 핵정책은 자위력 확보라는 군사적 측면은 물론, 보다 근원적으로 자신을 미 제국주의와 맞서는 강단 있는 군사 지도자로 각인시키고 주민들을 자신을 중심으로 결집시키기 위한 고도의 정치적 조작행위라고 할 수 있다.

북한의 정책 결정 과정

북한은 수령 1인이 통치하는 김정은의 나라다. 그렇지만 김정은은 전지전능한 신이 아니다. 혼자 고민해서 결단을 내리는 것도 있지만, 주변의 도움을 받아 처리하는 것도 당연히 있다.

핵심 측근에게 권한과 책임 부여

김정은은 최룡해 최고인민회의 상임위원장에게 외교와 관련한 잡다한 일들을 맡기고 있으며, 인사는 조용원 당조직비서, 경제는 김덕훈 총리, 군사는 리병철 당중앙군사위 부위원장과 최부일 군정지도부장, 박정천 군총참모장 등을 적극 활용하고 있다. 여동생

북한의 주요 정책 결정 과정 예

사건	기획자	결정자
김정남 암살	김정은	김정은
장성택 공개처형	당조직지도부	김정은
핵·미사일 시험	당군수공업부(리병철 총괄)	김정은
비핵화 협상	핵상무조(김여정 총괄)	김정은
2020년 6월 대남 도발 국면	김여정과 군총참모부	김정은
2020년 8월 수해 현장 시찰	당조직지도부와 선전선동부	김정은
수해 현장 방문 차량 직접 운전	김정은	김정은

김여정에게는 대남·대미 전략 수립과 관련해 상당한 역할을 부여하고 있다.

그렇지만 '2인자'는 없다. 다른 의견과 당파를 허용하지 않는 유일영도 10대원칙에 따라, 만일 2인자가 있다면 그는 목숨이 경각에 있는 것이나 마찬가지다. 따라서 북한에서는 그 누구도 과분한 권력을 쥐려 하지 않는 게 상례처럼 돼 있다. 가늘고 길게 살고 있는 김영남(1928년생)과 굵고 짧은 삶을 살다 간 장성택(1946~2013)을 대비해 보면 이해가 될 것이다.

김정은과 권력층의 악의적 공생

북한에서 수령은 신과 같은 존재다. 그야말로 천상천하 유아독존이고, 수령의 말이 곧 진리다. 아무리 김정은이 권력을 배분해 주더라도 권력층 실세들은 '원청'인 김정은의 말 한마디에 사업권은 물론 목숨까지도 뺏길 수 있는 하도급업자, 수족일 뿐이다.

그러나 그 이면도 좀 들여다볼 필요가 있다. 왜 북한 주민들은 이러한 것들을 당연하게 받아들일까? 창시자는 물론 2대, 3대 젊은 후계자에게도 절대적 권위를 인정하는 이유는 무엇일까? 복잡한 정치문화와 권력에 대한 이해가 필요한 사안이지만, 아주 쉽게 말하면 북한 사회는 '수령'이라는 보호막을 통해 기득권층들이 온갖 혜택을 누리는 '악의적인 공생 사회'이기 때문이다. '누이 좋고 매부 좋고'라는 속담이 이처럼 딱 들어맞는 사회도 드물 것이다. 그래서 수령이 죽거나 유고가 생길 경우 권력투쟁을 벌이기보다는, 나이나 경력 불문하고 재빨리 수령을 세우고 충성을 전이하는 것이다. 북한 사회에서는 이것이 합리적 선택이다.

정책 결정과 체제 운영의 실제

북한의 정책 결정 및 체제 운영 시스템을 좀 더 구체적으로 이해하기 위해서는 '유일영도체계 확립 10대원칙'에 기초한 수령 1인 시스템은 물론, 민주주의 중앙집권제와 당 우위 국가 체계, 특히 정치국과 정무국·조직지도부에 대한 이해가 우선적으로 필요하다.

첫째, 유일영도체계 확립 원칙은 김씨 일가 1인독재 체제를 뒷받침하는 실천강령이다. 기독교의 십계명과 같다고 할 수 있다. 1974년에 제정되고 김정은 집권 후 2013년에 수정되었으며 수령의 무오류성, 지시의 무조건 관철을 규정하고 있다.

위대한 김일성 동지와 김정일 동지의 권위, 당의 권위를 절대화하며 결사옹위하여야 한다. (제3조)

위대한 김일성 동지와 김정일 동지의 유훈, 당의 노선과 방침 관철에서 무조건성의 원칙을 철저히 지켜야 한다. (제5조)

북한은 이런 규정들을 활용해 정권에 불안 요소가 될 수 있는 권력층 인물들을 종파분자, 세도주의자 등의 죄목을 달아 숙청해 오고 있다. 이와 비교할 만한 우리 사회 규범은 없다.

둘째, 민주주의 중앙집권제는 '민주주의 원칙에 의한 대표 선출'과 '선출된 권력에 대한 복종' 원칙이다. 민주주의(물론 우리의 자유민주주의와는 이름만 비슷할 뿐 실질은 판이하게 다르다)란 일단 주민이 대표자를 선출한다는 뜻이다. 그런데 선출이 끝나면 주민은 대표자에게 절대 복종해야 한다. 사실상 수령 1인과 소수에 의한 독재를 합리화하는 원칙이다.

셋째, 북한은 노동당이 전국적으로 거미줄 같은 통보·감시 시스템을 운영하면서 국정 대소사를 지도, 감독, 집행하는 당 우위 국가다. 내각과 군은 단지 집행기관, 수족에 불과할 뿐이다. 이같은 당에 의한 영도 규정은 북한 헌법에 명문화되어 있다. 북한의 정치국은 우리로 치면 여당의 최고위원회나 당·정 최고회의, 비서국은 국무회의, 중앙군사위원회는 국가안전보장회의(NSC)를 연상하면 될 듯하다. 특히 비서국은 간부사업, 경제, 군사 등 7개 전문분야별로 나뉘어 산하 20여 개 직할 부서, 13개 지방당과 유기적으로 협조하면서 김정은을 보좌한다.

이러한 당 우위 체제의 뇌수에 해당하는 것이 당조직지도부다. 견제와 균형을 원칙으로 하는 민주사회에서는 권한이 각 기관별로 나뉘어 있지만, 일인·일당독재 체제 하에서는 효율성이 최우선이므로 공룡과 같은 조직을 운영하는 것이다. 단, 당조직지도부는 실무를 직접 챙기는 게 아니라 막후에서 간부 선발과 재교육, 처벌, 그리고 각 기관 및 지역 당위원회 검열 등을 통해 북한 사회 전반을 장악하고 있는 그야말로 '레알' 공산주의자 집단의 전형이며, 미래 공산주의자들을 키워 내는 산실이다. 전 지역과 기관에 신경망 조직 같은 일일통보 체계를 가동하는 중추신경 역할도 수행하고 있다.

누누이 강조하지만 북한의 내각이나 군은 우리 사회와 달리 당의 방침을 집행하는 기관, 수족에 불과한 '당의 내각'이고 '당의 군대'다. 김여정조차 후계자가 아니라 백두혈통의 관리자 역할을 지향하고 있다.

깨지식 **경제 제재에도 버티는 비결, '8고'**

북한은 2016년 이후 본격화된 국제사회의 대북 제재의 여파, 2020년 이후 예상치 못한 코로나19 사태의 장기화 등으로 경제난이 악화되고 있다. 그렇지만 북한은 이같이 어려운 상황 속에서도 경제를 그럭저럭 끌고 나가고 있다. 과연 그 비책은 무엇일까? 필자는 이 여덟 가지 비책을 평소 '8고'로 요약해 소개하고 있다.

줄이고

첫째는 국가경제의 몸집을 원천적으로 줄이는 것이다. 대표적인 예가 배급제를 현실에 맞게 조정한 것이다.

사회주의 하면 가장 먼저 떠오르는 게 국가가 무상으로 생필품을 나누어 주는 배급 시스템이다. 북한도 해방 이후 곧바로 공장, 기업소, 토지를 무상으로 강제 몰수하고 국가 주도의 배급제를 시행했다. 우리 국민들도 코로나19가 기승을 부리던 2020년 여름에 긴급재난지원금을 받아 봐서 무상배급이 얼마나 달콤한지를 맛봤을 것이다.

그렇지만 국가에서 무상으로 돈이나 물건을 나눠 주려면 예산이 있어야 한다. 재정건전성이 튼튼해야 한다. 쉽지 않은 일이다. 북한은 1980년대 말 동유럽 사회주의권의 몰락과 1990년대 중반 고난의 행군 시기를 거치며 계획경제 시스템이 붕괴되면서 전 주민 배급제를 더 이상 시행할 수 없게 되었다. 그래서 무상배급을 받는 지역과 계층을 특단적으로 줄이고, 그 대신 고육지책으로 임금·가격·환율의 현실화와 독립채산제 확대 등을 골자로 하는 '7·1 경제관리개선조치'를 시행해 각 지역·기관·개인별로 생활 대책을 독자적으로 강구하도록 했다. 한마디로 국가에서 더 이상 먹이고 입혀 주지 못하니 각자가 알아서 생활하라는 것이다.

현재 북한에서 정기적으로 배급을 받는 대상은 당·정·군 간부, 평양시민, 군대 정도다. 개략적으로 2,500만 전체 인구 가운데 약 15퍼센트 정도인 400여만 명의 특수계층만이 배급을 받고 있는 것으로 추정된다. 이들도 안정적으로 배급을 받는 게 아니라 배급받는 일수와 품목, 양이 갈수록 들쭉날쭉하고 그것도 축소되고 있다고 알려졌다. 배급 부담을 더 축소하기 위해 평양시민 10여만 명을 지방으로 이주시켰다고도 한다.

이 밖에 북한은 공장기업소, 협동농장 등의 예산과 자재도 상당 부분을 국가가 공급하지 않고 지역이나 기관별로 자체 조달토록 함으로써 국가 예산을 절약해 나가고 있다.

빼앗고

둘째, 국가가 강제로 주민들의 돈을 강탈하는 것이다. 대표적인 것이 화폐개혁이다.

북한은 지금까지 총 다섯 차례 화폐개혁을 단행했다. 화폐개혁의 목적은 국가경제로 들어오지 않고 장롱 속에 들어 있는 개인 자금을 강제로 은행으로 들어오게 하고 나머지 돈은 휴지 조각으로 만듦으로써 경제를 국가 주도로 완전히 리셋하려는 데 있다.

김정은 시대 전후해서는 김정은이 후계자로 내정된 지 10개월여

만인 2009년 11월에 화폐개혁이 전격적으로 단행됐다. 신권으로의 교환 비율이 100 대 1이고 1인당 교환 한도가 10만 원이어서 다량의 현금을 보유하고 있던 주민들이 큰 피해를 입었다. 물론 북한 당국의 신뢰도 저하, 북한 화폐 불신 증대 등 경제 전반에도 엄청난 악영향을 주었지만, 김정은과 노동당이 막대한 통치 자금을 확보하는 계기가 됐다. 이 같은 대 주민 사기극은 화폐개혁을 주도했던 박남기 당재정계획부장을 2010년 3월 공개총살, 희생양화함으로써 막을 내렸다. 지금까지도 주민들의 뇌리에는 그날의 악몽이 생생하게 남아 있다.

이와 함께 김일성·김정일 생일 등 국가기념일에 즈음해서는 국내외에 충성자금을 수시로 할당하여 금고를 채우고 있다.

거둬들이고

셋째, 개인이 보유하고 있는 외화나 물자를 국가경제 틀로 거둬들이는 것이다.

북한은 계획경제, 배급제로 주민들을 먹여 살리는 것이 불가능해지자 암시장인 장마당이 확대되는 현상을 울며 겨자 먹기로 용인해 주고 있다. 전문가들은 장마당의 규모가 이제 국내총생산(GDP)의 30퍼센트 정도나 되는 것으로 추정하고 있다. 그래서 대부분의 북한 주민들은 장마당에 의존하여 생계를 영위해 나가고 있다. 현재 장마당은 460여 개로 추정되고 있으며, 국가 배급을 받지 못하는 3분의 2, 즉 70퍼센트가량의 일반 주민들은 물론 간부·기업소·협동농장 등 모든 경제주체들이 어떤 형태로든 장마당과 연계되어 경제활동을 하고 있다. 탈북민들은 "과거 고난의 행군 시기에는 국가를 믿고 있다가 굶어 죽었는데, 이제는 장마당이 있기 때문에 그런 일은 다시는 일어나지 않을 것"이라고 말하고 있다. 북한에는 "2개의 당, 노동당과 장마당이 있는데 노동당 위에 장마당이 있다"는 말이 회자될 정도로 장마당의 위세는 갈수록 커지고 있다.

그런데 이곳 장마당에서 통용되는 화폐는 북한 돈이 아니라 중국의 위안화나 미국 달러. 2009년 화폐개혁의 후유증으로 상인들이 북한 돈을 더 이상 믿지 않기 때문이다. '주체'를 내세우는 북한에서 상거래의 기준 화폐가 외화라는 게 믿기 어렵겠지만 엄연한 현실이다.

또 하나의 달러 박스는 휴대폰이다. 북한은 개인들이 휴대폰을 사용하는 것을 허용해 준 후 기기 구입비와 요금을 외화로 받고 있다. 2018년 9월 국가안보전략연구원은 북한의 휴대폰 사용자가 580만 명을 돌파했고, 가입비와 기기 구입비로만 최소 17억

4천만 달러를 벌어들였다고 분석한 바 있다. 이 돈은 2019년 북한의 1년간 대 중국 무역적자액과 비슷한 정도의 큰 금액이다. 그야말로 '주민들은 편의를, 국가는 주민들의 장롱 속 돈을' 챙기는, 서로의 잇속이 맞아떨어진 대표적 사례라고 할 수 있다.

참고로, 북한의 휴대폰과 관련해 잘못 알려진 사실이 하나 있다. 국내외 언론과 전문가들이 북한 내 휴대폰 보급 확대 현상을 자유로운 정보 유통 측면에서만 얘기하고 있는데, 오히려 정반대로 주민들을 감시하는 중요한 수단의 하나로 활용되고 있다는 사실이다. 왜냐하면 북한은 우리 사회와 달리 휴대폰 제조부터 기지국 운영까지 모든 사항을 당국이 철저히 통제하고 있기 때문이다. 그러므로 휴대폰 보급의 확대는 그만큼 당국의 도·감청과 주민 동선 파악이 훨씬 더 쉬워졌다는 것을 의미하는 것이다.

다음으로 북한은 악화된 재정을 보충하기 위해 국채 발행까지 검토하고 있다. 코리아 소사이어티의 토마스 번 회장은 2020년 4월 『포린 폴리시』에 기고한 글에서 "북한의 채권 규모는 총예산의 60퍼센트 정도이고, 목적은 시중에서 사적으로 유통되는 외화를 회수하기 위한 조치"라고 설명하고 있다. 통상 국가가 발행하는 채권은 해외 판매가 일반적이지만, 재정건전성은 물론이고 경제 규모조차 외부 세계에 공개하지 않는 북한으로서는 해외 투자자들에게 국채를 판매하는 게 사실상 불가능하므로 국영기업이 대부분을 떠안을 수밖에 없을 것이다. 특히 정부 허가 없이는 사업을 할 수 없는 '돈주'들에게 상당량을 강매할 것으로 보인다. 전문가들은 그 비율을 6 대 4 정도로 예상하고 있다. 그간 북한의 높은 인플레이션율을 볼 때 채권은 사실상 강제로 주민들의 달러를 빼앗아 가는 조치라고 할 수 있다.

인센티브 주고

넷째, 시장경제 원칙 접목을 통해 생산성을 높이는 것이다.

가장 먼저, 생산 현장의 자율권을 확대해 주는 조치다. 2102년 '6·28 경제개선조치' 시행을 통해 협동농장의 최하위 단위인 분조의 규모를 3~5명으로 축소해 사실상 가족 단위로 운영할 수 있게 하고 생산물의 40퍼센트를 현물로 배분하여 자율 처리할 수 있게 했다.

다음으로 공장과 기업소에 기업책임관리제를 실시하고 있다. 즉, 국가 계획 이외의 분야에서 기업이 자율적으로 제품의 생산량, 가격 등을 결정할 수 있게 했다.

또한 운송, 상점, 서비스 활동에서도 이윤의 10~20퍼센트를 국가에 납부하면 개인 투자를 허용해 경영에 참여할 수 있도록 했다.

그리고 2014년에는 소위 '우리식 경제관리 방법'이라는 '5·30 조치'를 통해 지배인의 자율적 경영 지표를 확대해 주고, 시장을 활용한 기업 자체의 계획도 부분 인정하는 분권적 조치를 취했다. 이러한 변화 속에서 국영기업소 등 공식 경제주체들과 전주들 간의 암묵적인 협력사업도 확대되고 있다. 아파트 건설, 대형 상점 운영 등에서 전주들이 초기 투자비부터 운영까지의 전반에 참여하고 국가에 일정 비율의 이익금을 납부하는 현상이 일반화되고 있다.

구걸하고

다섯째, 중국과 국제기구 등에 도움을 구걸하는 것이다.

2009년 11월 대한민국은 건국 이후 처음으로 원조받는 나라에서 원조를 주는 나라로 바뀌었다. 2차 세계대전 이후 세계 최초의 사례다. 그러나 북한은 핵·미사일 개발에 천문학적인 금액을 퍼부으면서 국제사회에 도움을 손길을 요청하는 지극히 모순적인 행태를 보이고 있다. 본래 국제사회로부터의 인도적 지원 수혜는 "해당국 지도자가 가용한 국가자원을 총력 투입해도 어려울 때" 이루어지는 것인데, 북한만은 예외인 것 같다.

아무튼 해외로부터의 지원도 북한 경제가 돌아가는 데 큰 비중을 차지하고 있다. 2020년에도 중국이 80만 톤의 식량을 지원하기로 했다는 보도가 있었다. 그간 대한민국 정부에도 식량, 비료, 생필품 지원을 지속적으로 요청해 왔으나, 최근 들어서는 미북 협상 교착 및 코로나19 사태 하에서 정면돌파전을 기치로 내걸고 일체의 외부 지원을 거부하는 특이행동을 보이고 있다. 그러나 국경 봉쇄만 해제 또는 완화되면 곧바로 과거의 행태로 회귀할 가능성이 크다.

밀수하고

여섯째, 대북 제재를 피해 필요한 물자를 몰래 도입하는 것이다. 북한은 촘촘해진 대북 제재망 하에서 해상 환적, 밀수 등을 통해 필요 물자를 밀반입하고 있다. 미국이 일본, 호주 등과 협조하여 해상 불법 환적을 감시하기 위한 정찰·감시 활동을 강화하고 있지만 수법이 더욱 교활해지고 있다. 과거에는 무기, 마약 수출로 연 10억 달러 이상의 큰돈을 벌어들였는데, 아마 지금도 고부가가치 창출 수단에 대한 유혹을 떨쳐 버리지 못했을 것으로 보인다.

외자 유치하고

일곱째, 해외의 달러 박스 확보 정책이다.

북한은 경제개발구를 전국적으로 확대하고 외자 유치를 도모하고 있다. 2013년 5월 29일 경제개발구법을 제정한 이후 현재 중앙급 경제특구 5개를 비롯, 총 26개의 경제개발구가 지정돼 있다. 핵 문제로 인해 지금은 활성화돼 있지 않지만, 향후 비핵화 협상의 진척 여하에 따라 상당한 역할을 할 것으로 예상된다.

이와 함께 김정은은 관광 정책을 통한 외화 획득에도 주력하고 있다. 원산·금강산 국제관광지대 건설이 대표적인 사업이다. 북한 국가설계지도국의 '원산·금강산 관광지구 개발 총계획'에 따르면 2025년까지 78억 달러를 투입해 국제관광지구로 조성한다는 방침이다. 이미 2019년 12월에 삼지연과 양덕의 관광 시설을 완공하여 오픈한 바 있다. 현재 국제사회의 대북 제재가 계속되는 상황에서 무리한 투자로 인해 부작용이 속출하고 있지만, 향후 경제특구와 관광사업의 잠재적 가치는 상당하다고 할 수 있다.

노동자 해외 송출도 중요한 달러 박스였다. 북한은 중국, 러시아 등 해외에 노동자를 송출하여 매년 2억~3억 달러의 외화를 획득해 왔다. 그러나 지금은 중국 내 위장취업을 제외하고는 유엔의 '2019년 말까지 북한 노동자 전원 철수' 결의에 따라 대부분 귀환한 상태다.

훔치고

여덟째, 세계를 상대로 한 국제절도다.

북한은 외화 부족을 타개하기 위한 새로운 방법으로 은행 전산망 해킹 쪽으로 눈길을 돌리고 있다. 2020년 9월 4일 미국의 소리(VOA) 방송은 미 사법 당국 문서와 전문가 등을 인용해 북한이 해킹으로 올린 수익을 최대 20억 달러(약 2조 3,800억 원)로 추산한바 있다. 2021년 3월 31일 공개된 유엔 안보리 대북제재위원회의 전문가 패널 보고서를 보면 북한이 가상화폐, 온라인 몰 등으로 눈길을 돌리고 있으며, 2019년부터 2020년 11월까지 3억 1,640만 달러(약 3,575억 원) 상당의 가상화폐를 탈취한 것으로 나타났다.

북한의 대중 무역의존도는 이미 오래전부터 90퍼센트를 상회하고 있고 연간 20억 달러 이상의 적자까지 기록하고 있는 가운데, 코로나19 사태로 인한 국경 폐쇄로 경제사회적 어려움은 더욱 가중되고 있다. 북한이 공식적으로는 사회주의 계획경제를 표방하고 있지만, 현실적으로는 이미 '계획과 시장이 병존'하는 구조로 바뀐 지 오래다. 시장의 도움을 받지 않고는 국가경제가 제대로 돌아갈 수 없다. 그러나 북한이 가까운 시일 내 핵정책 등 대외·대남 정책 전반에 변화를 줄 가능성은 그리 높지 않다. 따라서 경제 현장의 '줄이고, 빼앗고, 거두고, 인센티브 주고, 구걸하고, 밀수하고, 외자 유치하고, 훔치고'는 보다 심화되어 나갈 것으로 보인다.

우리의 시각으로 보면 이런 정책에는 분명한 한계가 있다. 그러나 북한 당국의 입장에서는 그럭저럭 버텨 나갈 수 있는 힘의 토대가 되고 있는 것이 사실이다. 북한은 전통적, 구조적으로 경제난에 익숙한 사회이고, 북한 당국도 평양 주민 생활난 해소 등 나름대로 대처를 해 나가고 있다. 그리고 무엇보다도 개인들이 각자 살 수 있는 노하우를 체득하고 있다. 이 같은 점을 간과해서는 안 될 것이다.

03

김정은 정권의 미래

　김정은 정권도 어느덧 집권 10년을 넘겼다. 집권 초기 "국정 운영 경험 미숙으로 오래 집권하지 못할 것이다"를 시작으로 "건강에 이상이 발생했다", "사망했다", "쿠데타로 실권했다"는 등의 루머가 수시로 언론의 머리기사를 장식하기도 했다. 김정은 정권의 미래는 어떨까?

김정은 정권 SWOT

김정은 정권은 안정적일까, 아니면 불안할까?

2016년 초 고위급 탈북민에게 비슷한 질문을 한 적이 있다. 그

때 돌아온 답은 "공포통치와 경제난 심화로 간부들이 김정은에 대한 기대감을 접었다. 10년을 버티기 어려울 것이다. 수령에 대한 지지도를 김일성을 100이라고 할 때 김정일은 50, 김정은은 10에 불과하다"며 불안함을 강조한 바 있다.

그런데 지난 2018년 여름 무렵 비핵화 협상이 한창 진척되고 있을 때 그에게 똑같은 질문을 해 보니, "강력한 대북 제재 속에서도 장마당 등 비공식경제가 활성화되고, 김정은이 트럼프를 비롯 세계 각국 수뇌들과 연이어 정상회담을 하는 점을 보니, 특히 평양을 비우고 싱가포르까지 가서 회담하는 것을 볼 때, 이제 체제가 어느 정도 안정화되었다는 느낌을 받았다"며 전혀 다른 진단을 하기도 했다.

만약 지금 그에게 다시 질문을 하면 어떨까? 2019년 2월 하노이 미북 정상회담 노딜 이후 비핵화 협상 교착 국면과 대북 제재, 경제난, 코로나19 등을 이유로 김정은 정권이 불안정하다고 말할 가능성이 크다.

탈북민은 그렇다 치더라도, 가장 많은 고급 정보를 접하는 위치에 있었던 주한 미군 사령관과 대한민국 대통령들이 퇴임 후 북한 체제의 미래에 대해 제각기 다른 진단을 한다. 그만큼 폐쇄사회인 북한 내부를 정확히 진단하는 게 쉬운 일이 아니다.

보다 객관적인 접근을 위해, 민간기업에서 마케팅 전략을 수립할 때 활용하는 'SWOT 분석'을 적용해서 안정성을 판단해 본다. SWOT는 강점(strength), 약점(weakness), 기회(opportunities), 위협(threats)의 4가지 요인으로 구분하여 기업의 내부와 외부의 유불리를 파악하는 분석이다. S와 W는 '나'의 문제이고, O와 T는 '환경'의 문제다.

강점

강점(S)은 뭐니 뭐니 해도 수령론에 의해 김씨 일가의 통치가 당연시되는 데다가, 이중 삼중의 철통같은 감시 체계로 인해 당·정·군은 물론 주민들의 저항이 근본적으로 불가능한 체제라는 점이다.

아이러니하지만 경제난과 통제에 익숙한 사회라는 점도 북한 체제의 큰 특징이고, 정권 안정을 위해서는 강점이라고 할 수 있다. 북한은 본격적인 산업화나 민주화를 경험하지 못했다. 조선, 일제 식민통치, 6·25 전쟁, 공산독재를 거치며 주민들은 늘 배를 곯았으며, 끊임없는 세뇌로 비교의식이 싹틀 자리가 전혀 없었다. 그저 순응하며 사는 게 일상화되어 있는 사회다. 게다가 김정은만 3대 세습을 한 게 아니라 200만 평양시민도 3대 세습을 하고 있기는 마찬가지다. 운명공동체, 아니 악의적인 공생 관계의 전형이라고 할 수 있다.

여기에다, 핵·미사일 개발로 체제 안전판을 확보한 것도 앞으로 엄청난 강점으로 작용할 것으로 보인다.

약점

반면 김정은의 출생의 비밀, 건강, 그리고 최근 심화되는 경제난, 권력층의 보신주의와 부정부패, 양극화 현상은 정권 공고화의 큰 장애물, 약점(W)이다.

그러나 이러한 현상을 곧바로 정권 붕괴로 연결시키는 것은 비약이다. 예를 들어 문화적 측면에서 지금의 북한 사회 구조와 유사했던 조선시대의 경우, 1670~71년 '경신대기근' 때 전체 인구 1,100여 만 명 가운데 100만 명 이상이 굶어 죽었지만 조선왕조는 그 후로도 200여 년 이상이나 지속되었다. 멀리 갈 필요도 없이, 지난 1990년대 중반 고난의 행군 시기 북한의 공식 발표 수치로만 해도 수십만 명이 굶어 죽었는데도 30년 가까이 지난 지금까지도 끄떡없다. 특히 최근 북한 사회는 장마당, 가족농, 개인 텃밭 등이 활성화되고 국제사회 식량 지원도 계속되고 있어 1990년대 중반처럼 아사자가 대량으로 발생할 가능성도 크지 않다.

그리고 무엇보다도 북한을 전략적 완충지대(buffer zone)로 판단하고 있는 중국이 뒷배를 봐주고 있다. 경제난을 근거로 하는 북한 체제 붕괴설은 역사적으로 볼 때 그 누구도 책임지지 않는 "아니면 말고" 식의 주장일 뿐이다.

기회

기회(O)라고 할 수 있는 외부 요인은 엄청나다.

북한은 지정학적으로 해양과 대륙의 연결 지점에 있어 글로벌 교류협력의 교량 역할을 할 수 있는 천혜의 입지조건을 가지고 있다. 특히 일본과 수교 협상을 시작하면 최소한 100억 달러 이상의 어머어마한 외자를 확보할 수 있다. 게다가, 지금은 교착 국면에 있지만 비핵화 협상이 성공적으로 진척되면 북한으로 몰릴 세계의 관심과 외자는 상상하기도 어려울 것이다.

여기에다, 김정은이 2018년 국제무대로 나온 이후 그동안 대표적 위협 요인이었던 김정은을 타깃으로 한 참수작전, 대북 심리전, 엘리트 계층의 탈북 증가 등의 현상이 없어지거나 미미해졌다는 점도 기회로 작용한다.

위협

반면, 오랜 기간 동안의 대북 제재는 북한 체제에 굉장히 위협(T) 적인 요인으로 작용하고 있다.

북한은 중국과의 교역이 전체 교역량의 90퍼센트를 차지하는 가운데, 무역수지 적자가 90퍼센트를 상회하고 있다. 중국 해관총서의 수출입 현황 자료에 따르면, 북한은 2019년도에 중국으로부터 25억 7천만 달러 상당의 물품을 수입하고 2억 1천만 달러를 수출하여 23억 달러 이상의 대중 무역적자를 기록했다. 코로나19와 대북 제재 국면이 지금처럼 지속되면 상당한 위협 요인으로 작용할 것이다.

	S 강점	W 약점	
S 강점	수령론, 김씨 일가 신격화 전통적 노동당 1당 지배 구조 군부 및 공안조직 완전 장악 　* 이중 삼중의 감시 체계, 공포 　　통치 김정은 비자금 저항 세력 부재 　* 신민적, 운명공동체 의식 지배 엘리트들의 공생 구도 　* 북한판 음서제 경제난에 익숙한 사회 　* 장마당 활성화 핵, 미사일 등 비대칭무기 보유	김정은의 출생 비밀, 건강 김정은의 국정 운영 경험 미숙(×) 　* 외교활동 기피(×) 권력층 내 상호 불신, 보신주의 계획경제 붕괴 만성적 식량부족 김정은의 과시적 경제 운영 공장기업소 기계설비 노후화 군사력 유지 부담 증대 부정부패, 양극화 심화 정치범 수용소 존재 급격한 정책 변화에의 적응력(新)	**W 약점**
O 기회	북한의 지정학적 요인 　* 해양-대륙 진출의 연결로 희토류 등 다양한 광물자원 시장경제에 입각해 경제 활성화 모색 남한의 친북 성향 정부(新) 한국의 민족 동질감, 평화통일 노선 중국과의 전통적인 혈맹 관계 러시아의 신동방정책 대일청구권 자금 미국의 대북 정책 전환 비핵화 협상(新)	국제사회의 대북 제재 남한의 흡수통일 기도(×) 김정은을 타깃으로 한 압박(×) 　* 유엔의 김정은 ICC 기소(×) 　* 한·미군의 김정은 참수작전 　　(×) 대북 심리전(×) 외부 자유 사조 유입 외부의 북한 개방 압력(新) 엘리트 계층 탈북 화폐 신뢰도 하락(외화 결제) 미국의 비핵화 정책 실망(新)	**T 위협**

(新) 2017년 이후 변화 　(×) 2017년 이후 소멸 또는 완화
출처: 곽길섭, 『김정은 대해부』(선인, 2020), 265쪽.

김정은은 집권 이후 줄곧 당 우위 체계 복원, 핵무기 보유 등으로 체제의 강점(S)을 보다 강하게 만들었다. 특히 국정 운영 경험 미숙과 경제난 등 약점(W)을 과감한 정책 결정과 시장경제 요소 접목 등으로 상당 부분 해소하였거나 개선중이다. 지금 가장 큰 난제는 경제난(T) 타개인데, 남북 교류협력과 코로나19 진정을 통한 중국과의 인적·물적 교류 복원, 미국과의 비핵화 협상 돌파구 개척 등이 이루어지면 기회(O) 요인은 날개를 달 가능성이 크다.

식량난 불구 구조적으로는 안정 단계 진입

결론적으로, 지금 김정은 정권은 오랫동안의 대북 제재로 인해 경제적 어려움을 겪고 있지만, 정치·군사·사회 전반의 구조적 측면은 집권 초와 비교해서 상당히 안정적인 국면에 진입했다고 할 수 있다. 수령론 등 북한 특유의 권력이론 체계를 기반으로 하여 (1) 법·조직·인사의 '제도적 기반', (2) 선대 후광 활용과 차별화의 '지도자 상징 조작', (3) 핵보유국 지위 확보와 시장경제 요소 접목 등 '정책 노선'을 통해 권력을 완전히 장악, 공고화하는 데 성공했다.

그런데 경제가 여전히 김정은의 발목을 잡고 있다. 전문가들은 "북한의 외환 보유고가 1~2년 내 모두 소진될 수 있다"는 비관적 전망까지도 내놓고 있다. 지난 6월 당전원회의(6. 15~18)에서는 김정은이 이례적으로 식량난을 토로하기까지 했다.

북한의 경제난이 심각한 건 맞다. 앞으로 더 심해질 가능성도 있다. 그러나 이런 어려움 속에서도 북한이 우리의 경제 지원과 교류협력 제의에 연이어 콧방귀를 뀌고 미국과도 대결적인 자세를 견지하는 이유, 자력갱생에 기초한 정면돌파전의 자신감은 어디에서 나올까에 대해서도 한번쯤은 진지하게 생각해 보아야 한다. "경제가 어렵지만 아직은 견딜 수 있다. 더 큰 빅딜을 위해서는 조금 더 참아야 한다. 자칫 잘못하면 적들의 책동에 휘말릴 수 있다"고 김정은이 내심 판단하고 있을 가능성이 크지 않겠는가?

향후 김정은은 대북 제재와 코로나19 국면의 향배를 주시하면서 (1) 핵·미사일 개발의 마침표 찍기와 (2) '선先 신뢰 조성과 후 단계적·동시적 조치'를 기조로 하는 비핵화 협상, 정확히 말해 군축 협상의 여건을 조성하는 데 주력해 나갈 것이다. (3) 그리고 협상의 진척도에 따라 비핵화와 김정은식 개혁·개방의 시기와 폭을 저울질해 나갈 것으로 전망된다.

북 체제 붕괴설은 단견

지금 우리 사회에는 "북한에서 경제난이 악화되어 급변사태가 발생할 가능성이 크다", "김정은은 젊은 지도자이고 개혁·개방에 친화적이다. 국제사회가 조금만 양보하면 비핵화를 적극 실천해 나갈 것이다"와 같은 상이한 주장들이 나돌고 있다. 그러나 이 같은 판단들은 김정은의 다중적 퍼스낼리티와 국내외의 급변하는 다양한 변수들을 고려하지 않은 단선적이고 일방적인 주장, 소망성 사고(wishful thinking)다.

김정은은 초고도비만에 스트레스를 많이 받고 있지만, 아직 혈기 왕성한 30대 중반의 젊은 지도자다. 그리고 김씨 일가만 3대 세습을 한 게 아니라 특권 계급들도 모두 3대 세습을 하고 있다. 북한은 무계급 사회가 아니라 지구상 최악의 계급사회다. 조지 오웰의 소설 『1984』의 빅브라더와 같은 거미줄 같은 감시망이 작동하는 사회다. 싫든 좋든 운명공동체다. 누가 자기 목숨을 걸고 고양이 목에 방울을 달겠는가?

그리고 고사총을 활용한 잔인한 권력층 숙청과 개성 남북연락사무소 폭파에서 보았듯이, 김정은의 선의만 믿고 접근해서는 모래 위에 집을 짓는 것을 넘어 우리 국민들의 생명과 재산을 위험에 빠지게 할 수 있다는 것을 똑똑히 알아야 한다.

미국이 김정은의 생명줄을 끊을 군사행동, 전면적 대북 압박을 취할 것이라는 기대를 가지고 있는 사람도 많다. 그러나 그 역시 한낱 꿈이고 희망일 뿐이다. 한반도 주변의 역학구조상 쉬운 일이 아니다. 시진핑은 북한을 목조르기할 사람이 절대 아니다. 중국에게 북한은 입술과 같은 존재이고, 중국이라는 집을 지키는 개로 생각한다는 것을 잊지 말아야 한다. 한반도 전역에 한국과 미국 중심의 질서가 세워지는 것을 용납하지 않을 것이다. 북한이 망하도록 절대 놔두지 않을 것이다. 일본은 말할 필요도 없다.

국제사회는 정글이고, 오늘의 친구가 적이 되고 적이 친구가 되는 복잡계라는 점을 명심해야 한다. 단선적으로 접근해서는 안 된다. 종합적, 입체적, 전략적으로 사고해야 한다.

김정은의 건강은

2020년 4월 김정은이 김일성 생일(4월 15일)에 이례적으로 참배를 하지 않은 가운데 CNN이 "김정은이 심각한 위험 상태에 있다"는 긴급뉴스(4월 21일)를 내보낸 이후 전 세계는 김정은 건강 이상설, 코마설, 사망설 등으로 홍역을 치른 바 있다. 김정은이 5월 1일 현지지도를 통해 모습을 드러냄에 따라 해프닝으로 끝났지만, 그 전에도 그 후로도 그의 건강에 이상이 있다는 주장은 끊이지 않고 있다.

김정은은 젊다

"김정은의 건강에 문제가 있는 건 사실이다. 그렇지만 금명간 문제가 될 정도는 아니다."

김정은의 건강 상태와 관련, 국가정보원을 비롯한 공신력 있는 정보 당국의 기본적 판단이다.

국정원은 11월 3일 국회 정보위 국정감사에서 김 위원장의 건강 상태에 대해 2012년 8월께 90kg에서 8년간 매년 평균 6~7kg 증가해 지금은 140kg대라며 살은 좀 쪘지만, 건강에 별다른 이상 징후는 없다고 밝혔다. (연합뉴스, 2020. 11. 3)

국정원은 김정은 총비서는 최근 당전원회의에서 3일간 총 9시간에 걸쳐 직접 연설하고, 당대회에서도 4일 내내 연설하는 등 이상 징후를 보이지 않고 있다며, 걸음걸이나 속도 등을 분석했을 때 건강 이상이 없다고 밀했다. (뉴데일리, 2021. 2. 16)

김정은 집안은 할아버지 김일성과 아버지 김정일이 모두 심혈관계 질환으로 사망한 가족 병력이 있다. 실제로 김정은은 젊은 나이에도 불구하고 고혈압, 심장질환, 당뇨병 등의 성인병을 가지고 있다. 게다가 초고도비만, 폭음, 흡연으로 인해 건강이 악화될 소지도 많다.

그러나 30대 중반이라는 그의 젊은 나이를 고려해야 한다. 아직은 쇠를 씹어도 소화시킬 수 있고, 며칠 밤을 새워도 별 문제가 되지 않을 나이다. 고강도의 국정 현안을 수행하면서 스트레스를 많이 받고 있지만, 역으로 독재자이기 때문에 스트레스 해소 수단도 많다. 최고지도자의 건강만을 전담하는 국가 차원의 의료 체계도 존재한다. 본인이나 리설주도 신경을 많이 쓰고 있을 것이다. 일반적으로 돌연사는 자신의 건강에 대한 과신이나 방심 속에서 발생한다. 이 같은 요인들을 종합적으로 고려해 볼 때, 김정은의 건강이 급격히 나빠지거나 갑자기 사망할 것이라는 주장은 다소 희망 섞인 견해가 아닐까 한다.

폭음, 골초, 버럭 성격

그러나 향후 김정은의 건강을 악화시킬 요인은 많다. 심혈관계 질환 등 성인병을 악화시킬 요인들엔 무엇이 있는지 살펴보자.

가장 큰 문제점은 과도한 체중이다. 김정은은 보통 체격의 청년 이었다. 그런데 후계자로 내정된 이후 젊은 시절의 김일성과 닮은 지도자로 탈바꿈하는 과정에서 90킬로그램 정도로 체중을 의도 적으로 늘렸다. 그런데 지금은 스스로 통제를 하지 못해 140킬로 그램이 넘는 초고도비만자가 됐다. 남북 및 미북 정상회담 때 지 근거리에서 접촉한 인사들은 그의 거친 숨소리를 생생하게 증언 한 바 있다.

2018년 판문점 정상회담시 판문각에서 군사분계선까지 약 200미 터 거리를 걸은 뒤 몰아쉬는 듯한 숨소리가 포착됐다. 얼굴은 빨갛 게 상기된 모습이었다. (뉴시스, 2020. 4. 22)

트럼프·김정은 간 2019년 6월 판문점 회동시 특별 배려로 현장에 같이 있었던 터커 칼슨 폭스뉴스 앵커는 김 위원장이 쌕쌕거리며 가 쁜 숨을 내뱉었고, 마치 폐기종 환자 같았다고 주장했다. (세계일보,

2019. 7. 8)

그 다음은 흡연과 폭음이다.

2013년 12월 장성택을 처형한 후 김정일 추도대회 주석단에 앉아 있는 모습은 밤새 술을 마신 사람의 전형적인 얼굴이었다. 김정은이 폭음하는 사실은 김정은을 직접 만난 후지모토와 데니스 로드먼 등의 증언을 통해서도 알려졌다.

술을 많이 마신 김정은이 뜻밖에도 미국의 솔 가수 제임스 브라운의 1970년 대표곡인 〈Get on up〉을 불러 보려 시도했다. (전 미국 농구 선수 데니스 로드먼, 2013)

2016년 전 김정일 전속 요리사 후지모토 겐지는 김정은 위원장이 하룻밤 사이에 보르도산 포도주 10병을 마셨다고 밝혔다. (KBS, 2020. 4. 23)

흡연도 장소를 가리지 않는다. 2019년 2월 미북 정상회담에 참가하기 위해 열차로 하노이로 이동하는 중 중국의 중간 정착 역 플랫폼에서 여동생 김여정이 재떨이를 들고 서 있던 모습은 아주 인상적이었다.

버럭 하는 급한 성격도 건강에 좋지 않게 작용한다. 급하고 잔인한 성격은 호르몬 분비 체계에 이상을 일으킬 수 있다. 실제로 김정은은 손바닥이 검붉고 안면홍조도 심하다. 2014년에는 왼쪽 발목에 물혹이 생겨 제거 수술을 받은 적도 있다. 이러한 증상은 과체중, 폭음 등 나쁜 생활 습관과 체질 등이 영향을 준 것이다.

이에 따라 국가정보원은 김정은의 건강 이상이 갖는 막대한 파급력을 감안하여 3D 분석 기법을 도입하여 김정은의 건강 상태를 정밀 추적하고 있다. 걸음걸이, 몸짓, 체중 등 자료를 입력하면 체형 변화 추세와 건강 상태를 보다 객관적으로 파악할 수 있기 때문이다.

북한에서 쿠데타는 가능한가

쿠데타는 기도조차 없었다

사전적 의미로 쿠데타란 무력 등을 이용해서 정권을 탈취하는 행위를 말한다. 이런 의미에서 북한 정권 역사상 쿠데타 기도는 단 한 차례도 없었다. 2004년 용천역 열차 폭파 사건, 2012년 김일성광장 기관총 발견 사건 등 가끔 들리는 김씨 일가 관련 암살설도 근거를 확인할 수 없는 루머 수준에 불과하다.

그간 우리에게 조직적인 쿠데타로 알려진 사건들도 반당종파분자, 간첩 혐의자 숙청 등 김씨 일가에 의한 일방적인 자작극이 거나 숙청극일 뿐이다. 1953년 남로당 숙청 사건은 물론이고, 1956년 8월종파사건, 즉 소련파·연안파 숙청도 쿠데타가 아니라 공식적인 노선 투쟁의 결과다. 1967년 갑산파 숙청도 마찬가지다.

푸룬제 아카데미와 6군단 사건은 조작극

북한에서 발생한 대표적인 쿠데타적 사건으로 회자되고 있는 1992년 '푸룬제 아카데미 사건'이나 1995년 '6군단 사건'도 쿠데타가 아니라 김정일의 조작에 의한 반대파 숙청 사건이었을 뿐이다.

푸룬제 아카데미 사건은 1980년대 말부터 시작된 동유럽 사회주의권 붕괴라는 초유의 국가적 위기 상황에서 군 경력이라고는 하나도 없는 김정일이 1991년 12월 군최고사령관으로 취임한 것이 시발점이었다. 당시 분위기는 외국에 나가 있던 유학생들을 강제로 모두 귀국시킴에 따라 소련에 유학한 사람들을 중심으로 김정일과 북한 체제에 대한 불만을 공공연히 쏟아낼 때였다. 이에 따라 김정일이 자신의 권력 기반을 공고화하기 위해 이들을 희생양으로 삼았다. 우리 사회로 말하면 독일육사파(독사파), 미국유학파 같이 기수별로 죽 내려가는 군내 사모임을 '소련 간첩'이라는 죄목을 씌워 제거한 것이다. 이 사건을 계기로 5년여에 걸쳐 군인뿐만 아니라 소련에 유학했던 일반 학생까지 약 1천여 명을 싹쓸이 숙청함으로써 김정일에 충성하지 않으면 어떻게 된다는 것을 확실히 보여 주었다.

6군단 사건도 한마디로 말하면 외화벌이 독직 사건, 즉 부정부패 사건일 뿐이다. 그런데 이것을 김정일이 푸룬제 아카데미 사건처럼 간첩죄를 씌워 숙청한 것이다. 함경도 지역은 후방 지역이다. 강한 전투부대가 주둔한 곳도 아니다. 그래서 6군단은 사금이나 송이버섯 채취, 양귀비 밀매 등을 통한 외화벌이에 주력하고 있었다. 당연히 군단 정치위원과 장교들 사이에는 부정부패, 마약이 만연해 있었다. 그런데 1995년 초 군단장이 사망한 이후 순수 야전군인 김영춘이 후임으로 부임해 왔다. 김영춘의 눈에는 그야말로 개판 5분 전 군대였다. 정치위원과 장교들이 야합해서 군사훈련은 하지 않고 모두들 돈 버는 데만 혈안이 되었으니 말이다. 게다가 이들은 신임 군단장 김영춘을 왕따까지 놓았다. 그래서 김영춘이 김정일에게 이 사실을 은밀하게 직보하자, 보고를 받은 김정일은 1994년 7월 김일성 사망과 경제난으로 흉흉하던 민심을 달래기 위해 6군단 장교들을 희생양으로 삼아 대대적인 숙청극을 벌인 후 6군단을 휴전선에 배치된 9군단과 맞교대시켜 버렸다. 일이 이렇게 커지자 "6군단 정치위원이 야심을 품고 평양 진격을 하려다 실패했다", "남조선과 연계해 김정일 정권을 무너뜨리려 했다"는 등의 입소문이 북한 전역으로 퍼졌던 것이다. 이처럼 6군단 사건도 쿠데타가 아니라, 김정일이 체제 위기를 돌파하기 위해 조작한 사건일 뿐이다.

심화조 사건과 장성택 숙청도 기획 숙청극

이 밖에 2만여 명이 숙청된 1998년 '심화조 사건'도 이른바 고난의 행군으로 흉흉한 민심을 수습하기 위해 6·25 전쟁시 고정간첩을 색출한다는 명분으로 기획된 대규모 숙청 작업이었다.

김정은 시대 들어 북한 당국 차원에서 국가 전복 음모로 규정한 사건이 한 차례 있었지만, 이것마저도 김정은이 기획한 사건, 죄를 뒤집어씌워 숙청하기 위한 사건이었을 뿐이다. 바로 '장성택 사건'이었는데 많은 죄목들 가운데 국가 전복 음모도 있었다. 그렇지만 실상을 보면 국가 전복 음모가 아니다. 장성택을 처형하기 위해 억지로 만든 혐의일 뿐이다.

특별군사재판은 현대판 종파의 두목으로서 장기간에 걸쳐 불순세력을 규합하고 분파를 형성하여 우리 당과 국가의 최고권력을 찬탈할 야망 밑에 갖은 모략과 비열한 수법으로 국가 전복 음모의 극악한 범죄를 감행한 피소자 장성택의 죄행에 대한 심리를 진행했다.

(조선중앙통신, 2013. 12. 13)

포스트 김정은은 누구

김정은의 후계 문제와 관련해서도 북한 체제의 특수성에 주목해야 한다. 1인독재 체제의 특성상 후계라는 단어는 함부로 꺼낼 수 없는 금기어다. 자칫 잘못하다간 목숨이 날아가기 때문이다.

김정은 이후 최고권력자가 누가 될 것이냐 하는 문제를 살펴보기 위해서는 먼저 '후계'의 개념부터 정의하는 게 순서다.

후계란 김정은이 '계승자를 지정하여 자연스럽게 권력을 물려주는' 것을 의미한다. 사정상 계승자를 내정하지 못하고 신변에 이상이 발생하는 경우에도 차기 권력자가 김정은 정권의 계승을 표방하는 상황이다.

후계자 선정시 고려해야 할 핵심 요소는 3대 부자 세습의 바이블이라고 할 수 있는 수령론과 후계자론, 유일영도체계 확립을 위한 10대원칙, 당 우위 체계 등을 들 수 있다. 물론 권력층과 사회 저변의 문화적 환경, 개인의 정치적 자질 등도 중요한 변수다.

후계자론

첫째, 북한의 후계자론에 따르면 후계자는 수령의 피를 이어받은 인물 가운데 새세대, 즉 다음 세대에서 나와야 한다. '수령의 피'를 단순히 혈연 차원이 아니라 수령의 혁명사상을 계승하는 것으로 포장했으나, 사실은 물리적 핏줄을 의미하는 은유적인 서술이다. 그리고 '다음 세대'로 규정한 것은, 지금 권력층 내에서 영향력을 행사하고 있는 인물들을 원천적으로 배제하기 위한 속셈이다.

둘째, 유일영도체계 확립 10대원칙을 보면, 제10조 2항에 "우리

당과 혁명의 명맥을 백두의 혈통으로 영원히 이어 나가며"라고 명시하여 백두혈통으로의 세습을 명문화하고 있다. 동 조항은 김정은이 집권한 직후인 2013년 6월에 새로 삽입한 것이다. 따라서 후계자는 김씨 일가에서 나오는 것이 원칙이다.

셋째, 북한은 노동당이 모든 것을 지도하는 체제다. 그러므로 수령이 지명한, 당을 이끌어 나갈 인물이 후계자가 된다. 정부나 군의 인물은 직책이 아무리 높고 조직이 방대해도 노동당의 하수인일 뿐이다. 당에서 후계 수업을 받고 있는 인물을 주목해야 한다. 특히 후계자론을 충족하는 인물은 김정은과 한 세대 차이 나는 새 인물, 즉 김정은의 아들밖에 남지 않는다. 나이나 경험은 문제가 되지 않는다. 당조직지도부와 선전선동부가 중심이 되어 만들어 가면 된다. 김정일은 스물두 살인 1964년도에 당조직지도부

북한의 후계자론

기준	이론명	주요 내용
필요성	혁명계승론	수령의 혁명 위업을 대를 이어 수행
자격	혈통계승론	수령의 피를 이어받은 자를 선출
연령 조건	세대교체론	수령의 다음 세대 인물 중 선정
선출 시기	준비단계론	수령 생존시에 선정, 육성
자질	김일성 화신론	수령의 모든 것을 그대로 체현

출처: 김재천, 『후계자 문제의 이론과 실천』(북한 선전 책자, 1989) 요약

에서 후계자 수업을 시작했다. 김정은도 스물여섯 살인 2010년에 당중앙군사위원회 부위원장 직함으로 공식 무대에 데뷔했다. 당연히 제왕학 교육은 어린 시절부터 별도로 받아 왔다. 이런 사실은 2001년 7월 김정일이 러시아 방문시 밀착 수행한 폴리콥스키 극동전권대사에게 "밑의 둘을 한 10년 정도 교육시켜 후계자로 삼겠다"고 말한 데서 알 수 있다. 이 발언은 "김정일이 이미 2000년대 초부터 김정은을 후계자로 고려하고 있었다"는 사실을 시사한다. 당시 김정은의 나이는 겨우 열일곱 살이었다.

넷째, 권력층 내 정치문화와 사회 저변의 문화적 환경도 고려해야 할 중요한 포인트다. 많은 전문가들이 북한을 왕조국가에 비유하고 있다. 따라서 왕조국가의 국왕 즉위 사례도 큰 시사점을 준다.

왕조국가에서 나이는 전혀 문제 되지 않는다. 500여 년간 이어진 조선왕조에서 8세에 즉위한 헌종, 11세에 왕위를 물려받은 순조 등 약 절반가량이 즉위시 10대 이하였던 것이 이를 잘 뒷받침한다. 성군의 대표 인물인 세종도 22세에 즉위했다.

게다가 지금 북한 권력층 내에 있는 인물들은 수많은 숙청 속에서 살아남은 인물들이다. 70여 년의 숙청사를 통해 교훈을 생생히 체득한 인물들이다. 그들은 마음이 맞는 사람들과 횡적 연계를 가지거나 야심을 조금이라도 드러내는 건 곧 죽음이고, 개인의 죽음을 넘어 가문이 멸문지화 당한다는 것을 그 누구보다도 잘 안다. "당·정·군 간부들은 혹시 취중이나 잠꼬대 하다가 말실수를 할까 봐" 노심초사하고 있다. 90세 노인이자 대외적으로 국가를 대표했던 김영남이 청와대 방문시 김여정에게 상석을 양보하려 하고, 북한군을 대표했던 황병서 군총정치국장이 만인이 보는 대회장에서 김정은에게 무릎 꿇고 입을 가리고 얘기하는 게 전혀 이상하지 않은 사회다. 이들은 도전보다는 면종面從과 공생, 체면보다는 실리를 추구하는 게 합리적인 선택이라고 생각하는 사람들이다. 김정은이 3대, 4대로 세습하면 자기들도 3대, 4대로 세습할 수 있어 좋아하는 부류들이다.

주민들은 김정은을 비롯한 로열 패밀리 문제에 대해서는 알려고도 하지 않는다. 우리 사회와 달리, 지도자 신변 문제에 대해 알면 도리어 위험에 처해질 수 있기 때문에 굳이 관심을 두지 않는다. 과거 김정일의 두 번째 부인인 성혜림의 친구였다는 사실만으로 요덕수용소로 끌려가 짐승처럼 생활하다가 탈북한 무용수 김영순 씨의 증언이 이를 잘 설명해 주고 있다.

북한 주민들은 경제난도 지도자의 잘못이라기보다는 중간간부들의 책임으로 인식하고 있다. 그래서 북한 당국은 민심 수습이 필요할 경우 간부들을 세도주의, 관료주의, 부정부패 등의 죄목을 씌워 수시로 공개처형하는 것이다. 일반 주민들의 관심은 오직 하루를 어떻게 잘 살고, 자식들을 잘 키워 내는가에 온 신경이 집중되어 있을 뿐이다.

마지막으로 개인의 직위와 역할, 정치적 자질이다. 후계자가 되려면 개인적으로 정치적 야망, 권력의지가 있어야 한다. 당이나 군의 핵심 포스트에서 후계 수업을 받거나 주요 직책에서 활동해야 한다. 김정은은 비록 후계 수업 기간은 짧았지만, 당과 군은 물론 체제 보위 분야에서도 두루 경험을 쌓았다.

김여정

김여정을 비롯해 김정철, 김평일, 김경희 등 다른 백두혈통 인물과 조용원 등 당·정·군 실세들이 후계자가 될 수 없는 이유, 그들의 한계에 대해서 한번 짚어 본다.

김정은의 여동생이자 당조직지도부 부부장인 김여정은 어릴 때부터 밥상머리 사교육과 스위스 유학 시절 내내 김정은 옆에서 늘 같이 생활한 김정은의 정서적 동반자다. 지금은 권력층 내부에서 활동 폭을 차근차근 넓혀 정치적 동반자로까지 발전했다. 1987년생인 김여정은 당선전선동부에서 김정은 우상화와 행사를 총괄하다가 29세에 당중앙위원, 30세에 당정치국 후보위원, 32세에 당조직지도부 제1부부장에 오르며 초고속 승진 가도를 달리고 있다. 지난 2021년 1월 소집된 8차 당대회에서 미북·남북 간 경색 국면 등을 고려하여 외형적으로는 잠시 후퇴하는 듯한 모습을 보였으나 실질적인 위상에는 전혀 변화가 없다. 앞으로 김여정의 활동과 권한은 계속 커질 것이다. 특히 김여정은 대남, 대미 문제에 대해서도 김정은을 대신하여 수시로 직접 발언을 하는 동향으로 볼 때 가칭 '사회주의 강국 건설 상무조'와 같은 T/F 조직을 만들어 막후에서 활동하고 있을 가능성도 있다.

그러나 앞서 말한 대로 김여정이 후계자가 되기에는 명확한 한계가 있다. 첫째, 후계자는 다음 세대, 새세대 인물이어야 한다는 세대교체론과 상치된다. 북한은 동일 세대 인물이 후계자가 되면 권력누수는 물론이고 권력투쟁이 발생할 소지가 있음을 경계하고 있다. 둘째, 유교적 문화가 뿌리 깊은 북한 사회에서 여자라는 큰 핸디캡을 가지고 있다. 가부장적 유교문화가 팽배한 북한 사회에서 '여성 수령'을 받아들이는 것은 아직은 시기상조다. 셋째, 현재 당에서만 역할을 수행하고 있을 뿐 군이나 보위 계통의 직책이 없다. 게다가 김여정의 대부분의 활동은 김정은의 정서 관리와 보필에 주안을 두고 있다. 현송월 부부장에게 의전 역할을 넘겨주었으나, 정상회담이나 중요 행사시 여전히 의전을 챙기고 있다. 열차 플랫폼에서 김정은의 담배 재떨이까지 챙겨 공손하게 대령하고, 공장 준공식에서 차려 자세로 테이프커팅 가위를 들고 있는 모습은 권력의 2인자, 후계자의 행동과는 어울리지 않는다.

김여정은 오빠 김정은이 있을 때 빛도 나고 힘도 있다. 벌써부터 홀로서기를 시도할 만큼 우둔하지 않다. 차라리 김여정은 오빠를 정서적, 정치적으로 뒷받침하여 성공한 지도자로 만들고, 권력이 김씨 일가로 대대손손 내려갈 수 있도록 해 나가는 백두혈통의 관리자, 막후 2인자의 길을 모색하고 있다고 보는 게 보다 합리적인 추론일 것이다. 향후 김여정의 역할은 후계자는 아니며, 김정은이 조기에 건강에 이상이 생길 경우 북한 권력의 핵인 당 조직지도부를 확실히 장악한 후 (1) 어린 조카를 즉위시키고 섭정을 하거나, (2) 과도기적 당·정·군 연합체를 막후 지도하는 역할, (3) 아니면 국왕제, 천황제와 같은 새로운 통치 체계를 만들어 나가는 설계자(planner) 역할을 수행할 것으로 판단된다.

김정철

김정은의 친형이자 김여정의 오빠인 김정철은 어떨까? 김정철은 어린 시절부터 김정은과 다르게 유순한 성격을 가지고 있어 김정일의 눈에 후계자감으로 들어오지 않았던 인물이다. 오죽하면 김정일이 "계집애 같다"고까지 얘기했을까. 그 이후 김정철의 삶은 정치와는 전혀 무관했다. 일부 언론에서 당이나 보위부 계통에서 일하고 있다고 보도했지만 사실무근이다.

김정철은 호르몬 분비 계통에 이상 증세를 보여 치료하느라 고생한 데다, 단 한 번도 공직을 맡지 않았다. 오히려 기타 등 예술분야에 심취하여 독일, 싱가포르 등 해외에서 개최되는 유명 기타리스트 에릭 클랩튼 공연을 보러 다녔다. 후계 수업을 받는 사람으로서의 행태는 전혀 아니었다. 2015년 에릭 클랩튼 영국 공연때 김정철을 밀착 보좌했던 태영호 의원의 "김정철은 아침부터 술을 찾고 오직 음악만 생각하는 사람"이라는 증언을 그냥 흘려들어서는 안 된다.

이처럼 김정철은 정치를 할 사람이 전혀 아니다. 단지 친정 쿠데타 같은 특별한 상황이 발생할 경우, 혁명 세력들이 전혀 실권이 없는 일회용 얼굴마담 정도로 활용할 수 있는 인물이다. 그리고 바로 뒤에서 설명하겠지만 북한에서 쿠데타가 발생할 가능성은 제로에 가깝다.

김평일

국내외 언론이 수시로 거론하고 있는 김정일의 이복동생이자 김정은의 삼촌인 김평일은 외양적으로는 백두혈통이지만 '곁가지'일 뿐이다. 권력투쟁에서 실패한 루저이고 흘러간 옛물이다. 40여 년 전에 해외로 나가 국내에 기반이 전혀 없는 인물이다. 북한이 2019년 말 그를 평양으로 소환한 것도 새로운 활동을 맡기나 예우를 위한 것이라기보다는, 해외에 계속 놔둘 경우 반 김정은 세력이 그에게 접근할 수 있기 때문에 사전에 예방 조치를 취한 것으로 평가된다. 그는 지금 평양에서 사실상의 연금 상태에 있다고 보면 될 것이다.

김평일이 혹시 정치 무대에 다시 나서는 경우는 반 김정은 쿠데타 또는 중국의 김정은 정권 붕괴 공작과 같은 극단적인 반전 상황이 발생할 경우를 상정할 수 있지만, 현재 상황으로서는 그 개연성이 매우 낮다.

김경희

김정은의 고모이자 장성택의 부인인 김경희도 이미 정치적 사망선고가 내려진 인물이다. 2020년 1월 설맞이 경축공연에 깜짝 출연시켜 아직 죽지 않고 살아 있음을 외부에 보여 준 것으로 그 효용성은 다했다고 할 수 있다. 급변 사태 발생으로 김경희가 다시 정치활동을 하는 상황을 완전히 배제할 수는 없지만 확률은 극히 낮다.

조용원, 최룡해

이른바 백두혈통이 아닌 인물로 가장 주목받는 인물은 김정은 집권 이후 김정은을 그림자처럼 수행해 오고 있는 조용원이다. 2021년 1월 8차 당대회시 당조직지도부 제1부부장에서 일약 당 정치국 상무위원 겸 조직비서로 전격 발탁(서열 3위)되었다.

그러나 조용원도 실무자일 뿐이다. 김씨 일가도 아니며, 김정은 다음 세대도 아니다. 김정은 체제를 옹호 보위하는 역할에 주력해야 할 인물이다. 조금이라도 다른 생각을 가지게 되면 그건 바로 죽음이라는 것을 누구보다도 잘 아는 인물이다. 항일 빨치산 계통의 적자라고 할 수 있는 최룡해 최고인민회의 상임위원장 등 여타 고위 인물도 마찬가지다. 이들은 자신이 어떻게 처신해야 살아 남을 수 있는지 누구보다도 잘 알고 있다.

아직 정확한 근거는 없지만, 김정은이 먼 미래를 내다보고 조용원에게 두 아들의 후견인 역할을 맡겼을 수도 있을 것이다.

유력한 대안, 4대 부자 세습

이처럼 김정은의 후계자는 수령론과 후계자론, 그리고 다양한 변수를 종합적으로 고려해 볼 때, 지금 한창 성장하고 있는 자식들, 특히 2010년생인 장남을 주목해야 할 것이다. 아직 나이가 어리고 알려진 것이 거의 없지만 이미 제왕학 수업에 들어가 있을 것으로 추정된다.

단, 김정은이 조기에 신변 이상이 발생하는 경우에는 북한 체제의 뇌수이자 신경망 조직인 당조직지도부를 중심으로 (1) 어린 아들로의 왕위 계승과 섭정, (2) 당정치국 중심의 과도기적 권력구조 운용, (3) 1998년 김정일이 도입했던 책임분산형 권력구조의 2.0 버전, 즉 당은 김여정과 조용원, 외교는 최룡해, 경제는 총리 김덕훈, 군은 총정치국장 권영진, 안전은 보위상 정경택이 책임지는 6인 집단지도체제, (4) 또는 태국의 국왕제, 일본의 천황제와 같은 새로운 백두혈통 권력구조 도입 등을 상정해 볼 수 있을 것이다.

깨지식 **북에서 쿠데타·암살이 어려운 5가지 이유**

북한에서 쿠데타는 사실상 거의 불가능하다.

가장 먼저, 북한 특유의 군부 분산·견제 장치다. 쿠데타의 생명은 비밀 유지인데, 북한 사회에서는 이중 삼중의 감시·견제 장치로 그야말로 바늘 하나 떨어지는 소리도 보위 계통에서 파악하고 있다. 군부대를 통솔하는 지휘관 옆에는 군총정치국 소속의 정치위원이 항상 있다. 결재 권한까지 공유하고 있다. 부대에 두 명의 지휘관이 있는 셈이다. 여기에다 군보위사령부를 비롯해 국가안전보위성 등 핵심 공안 부서들의 첩보망이 이중 삼중으로 작동하고 있다. 모든 지휘관들의 일거수일투족이 다양한 루트를 통해 상부에 실시간으로 보고되고 있는데 그 누가 감히 딴마음을 먹을 수 있을까?

다음으로, 주민 생활의 바이블인 유일영도체계 확립 10대원칙에 따르면 "모든 사람들은 수령을 제외한 다른 인물에 대한 환상을 가져서는 안 된다." 3인 이상 회합시에는 사전에 계통보고를 하게끔 되어 있다. 그래서 북한 사람들은 결혼이나 장례식과 같은 공인된 장소에서의 만남 이외에는 서로 만나지 않고 사는 게 너무나 자연스러운 일상이 되어 있다. 이런 상황에서 그 누가 반역

모의를 할 수 있을까?

유일영도체계 확립 10대원칙(1974년 제정, 2013년 개정)

(제6조 4항) 개별적 간부들에 대한 환상, 아부아첨, 우상화를 배격한다.

(제7조 7항) 세도와 관료주의, 주관주의, 형식주의, 본위주의를 비롯한 낡은 사업 방법과 작풍을 철저히 없애야 한다.

(제9조 6항) 개별적 간부들이 월권행위를 하거나 직권을 탐용하는 것과 같은 온갖 비원칙적인 현상을 반대하여 적극 투쟁하여야 한다.

(제9조 7항) 친척, 친우, 동향, 동창, 사제관계와 같은 정실, 안면관계, 돈과 물건에 따라 간부 문제를 처리하는 행위에 대해서는 묵과하지 말고 강하게 투쟁하여야 한다.

(제9조 9항) 당의 유일적 영도체계에 어긋나는 비조직적이며 무규율적인 현상에 대하여서는 큰 문제이건 작은 문제이건 제때에 당중앙위원회에 이르기까지 각급 당조직에 보고하여야 한다.

셋째, 이렇게 회합을 못 하는 것과 더불어, 모든 전화나 대화는 상시 도청되고 있다. 당국이 집 전화는 물론 휴대폰, 메일 등 모든 통신수단을 유리알처럼 투명하게 볼 수 있는 곳이 북한이다.

넷째, 평양방어사령부, 호위사령부 등 김정은을 호위하는 특수부대들이 정규군보다 숫자는 적지만 훨씬 더 막강하다. 그리고 이 부대들은 군총참모부 명령이 아닌 김정은의 직접지시를 받는 부대들이다. 따라서 전후방 지역에 주둔한 군대가 쿠데타를 일으킨다고 해도 어떻게 평양방어선을 뚫을 수 있을까? 특수부대들은 누구에게 더 충성할까?

다섯째, 군부 내 신민臣民적 문화다. 북한 군부는 수령과 당의 군대로서의 역할에 충실한 집단이다. 그렇게 훈련되어 있다. 자유민주 사회처럼 국가의 미래와 국민을 생각하는 집단이 아니다. 계급을 강등시켜도 "다 김정은의 뜻이다. 혁명화 처분을 안 받은 것만 해도 큰 다행이다. 반성하고 더 열심히 하면 다시 신임을 주실 것이다"라며 충성을 맹세하는 게 북한 군부의 실상이다.

이처럼 북한에서 쿠데타가 발생하는 건 거의 불가능하다. 영화 〈강철비 2: 정상회담〉(2020)과 같은 상황은 픽션 속에서나 가능한 시나리오일 뿐이다.

굳이 상상을 해 본다면 김정은 친위대나 측근 인물이 암살을 도모하는 경우를 상상할 수는 있겠다. 우리 사회의 상당수 사람들은 김정은의 눈밖에 난 핵심 측근 중 누군가가 1979년 박정희 대통령을 시해한 '제2의 김재규'와 같은 인물이 되지 않겠는가 하는 소망을 표시하곤 한다. 그러나 이 또한 거의 불가능에 가깝다. 김정은 측근이라면 자기도 3대째 부귀영화를 누리고 있는데 무엇 하러 목숨까지 걸어 가며 어려운 길을 택할까?

그리고 974부대와 같은 밀착 경호원들만 총탄이 장전된 총을 휴대하고 나머지 사람들은 모두 빈 총이다. 그 어떤 경우에도 총이나 칼을 가지고 김정은에게 접근할 수 없다. 심지어 국가안전보위상이라고 할지라도 '1호 행사'에서는 예외일 수 없다.

이중 삼중의 경호 체계 속에서 암살 등 돌발사태가 발생할 가능성은 거의 제로라고 생각하는 게 합리적 판단이다.

쿠데타와 암살의 생명은 '비밀 유지'와 '결사'다. 북한에서는 그러한 환경이 전혀 보장되지 않는다. 거미줄 같은 감시 체계와 사상교육으로 인해 군은 그야말로 어항 속의 금붕어, 사냥개처럼 살고 있다. 그리고 그것을 합리적 선택이라고 생각하고 있다. 향후 북한군이 보다 적극적인 역할을 할 수 있는 경우는 스스로 혁명을 도모하기보다는 김정은 유고와 같은 급변 상황이 발생했을 경우 새로운 지도자를 옹위, 보위하는 중추 세력으로서의 기능 정도다.

제2부

북한의 핵과 미사일

핵무기는 후손만대까지 물려줄 만능의 보검

— 김정은

김정은의 평화, 비핵화에 대한 의지는 분명

— 문재인

김정은, 문재인 대통령을 존중한 적 없어

— 도널드 트럼프

핵 포기 않을 시 김정은 만날 의향 없다

— 조 바이든

04

북한핵 위기의 본질

북한은 1960년대 중반 김일성 시대부터 핵개발을 시작했다.

김일성은 비밀리에 연구를 추진하여 기반을 닦았으며, 김정일은 개발과 협상을 병행하여 상당한 안보·경제적 실리를 획득했다. 김정은은 헌법에 핵보유국임을 명문화(2012. 4)하고 비대칭무기 고도화에 올인하고 있다.

김일성→김정일→김정은 3대로 이어지는 북한의 핵·미사일 개발은 진화를 거듭하여 이제는 완전히 새로운 단계, 핵·미사일 강국의 반열에 진입해 있다고 할 수 있다.

김정은의 핵·미사일 개발에 대한 집착은 상상을 초월한다. 집권 초인 2012년 4월 13일, 잉크도 채 마르지 않은 미국과의 '2·29 합의'를 깨며 ICBM(대륙간탄도미사일·북한은 '광명성 3호' 위성 발사라고 주장)을 시험발사했다. 이듬해 2월에는 박근혜 정부 출범을 불과 10여 일 앞두고 3차 핵실험을 전격적으로 단행했다. 3월에는 '경제·핵건설 병진노선'을 공식 선포했다. 이후 총 4차례의 핵실험과 120여 회가 넘는 미사일 발사 시험을 실시했다.

이런 북한의 도발에 대해 국제사회는 2006년 7월 15일 북한의 탄도미사일 시험발사에 대한 첫 제재 조치인 유엔 안보리 결의안 1695호를 시작으로 총 11차례의 제재안을 통과시키며 압박을 강화하고 있다. 2018년 어렵게 시작된 미·북 간 협상도 비핵화의 개념과 방식에 대한 입장 차이로 인해 평행선만 달리고 있다.

북한의 핵·미사일 역량

북한은 2020년 10월 당 창건 75주년 기념 열병식과 2021년 1월 8차 당대회 기념 열병식을 통해 화성-16호(ICBM), 북극성-5ㅅ호 (SLBM, 잠수함발사 탄도미사일) 등 신형 전략미사일을 공개했다. 앞서 북한은 2017년 11월 29일 미국을 사정권으로 하는 ICBM 화성-15호를 발사하고 핵·미사일 개발 완료를 선언했지만 국제사회는 핵탄두 소형화, 대기권 재진입, 목표유도 항법장치 기술력 등에 대해 여전히 의문을 품고 있다.

핵무기 20~160개

핵무기는 플루토늄탄과 고농축 우라늄(HEU)탄의 두 가지로 대별된다. 국방부가 2021년 1월 공개한 『국방백서』는 "북한이 플루토늄 50여 킬로그램과 상당량의 HEU를 보유하고 있고 핵무기 소형화 능력도 상당한 수준에 이르렀다"고 분석하고 있다. 통상 핵무기 1기를 생산하는 데 플루토늄은 4~5킬로그램, 고농축 우라늄은 15킬로그램 정도가 소요되므로, 북한이 보유한 것으로 추정되는 플루토늄은 핵무기를 10여 기 만들 수 있는 양이다.

또한 핵물질 추출이 플루토늄보다 훨씬 간편한 고농축 우라늄 생산시설을 영변은 물론 강선 등 10여 곳에 비밀리에 운영중인 것으로 알려져 있다. 고농축 우라늄을 추출하는 데 사용되는 원심분리기는 미국의 안보전문가 시그프리드 헤커 박사가 2010년 영변 핵시설에서 직접 확인한 게 2천 개이므로, 북한 전역에는 1만 5천에서 2만 개 정도가 있을 것으로 추정된다. 우라늄탄 1기를 제조하기 위해서는 약 1천 개의 원심분리기를 1년 동안 돌려야 하므로 영변의 우라늄 농축 시설만 가동해도 매년 2기씩 생산할 수 있으며, 만약 전 시설을 가동한다면 산술적으로 매년 15~20기의 우라늄탄을 새로 만들 수 있다.

북한이 공식 발표한 적도 없고 정보도 적어 정확한 산출은 어렵지만, 전문가들은 북한이 최소 20기, 최대 160기의 핵무기를 보유하고 있을 것으로 추산하고 있다. 한편 2021년 4월 13일 아산정책연구원과 랜드 연구소 공동 보고서 「북한 핵무기 위협 대응」에서는 "북한이 지금 추세대로 핵·미사일 전력을 강화해 나간다면 2027년에는 최대 242개의 핵무기를 보유할 것"이라고 전망했다.

전략미사일 20여 종 1,200여 기

한편 1970년대 소련제 스커드(SCUD)-B 미사일을 해체 역설계하는 방식으로 미사일 개발을 시작한 북한은 현재 미국 본토에 도달할 수 있는 ICBM을 비롯해 20여 종 1,200여 기의 미사일을 보유한 것으로 추정되고 있다. 최근에는 북한판 이스칸데르와 에이타킴스(ATACMS), 대구경 조종방사포, 600밀리 초대형 방사포 등 이른바 '단거리 미사일 4종 세트'와 다탄두미사일(MIRV), SLBM, ICBM 등 미사일 전력 고도화에 더욱 박차를 가하고 있다.

이에 대해 미국은 트럼프 행정부 때인 2019년 1월 국방부 「미사일방어전략 보고서」를 통해 북한의 미사일 능력을 특별한 위협으로 진단하고 미 본토가 북한 미사일로 공격받을 시간이 가까워졌다고 일찍이 경고한 바 있다. 바이든 행정부의 네드 프라이스 국무부 대변인도 2021년 2월 "북한의 핵·미사일은 바이든 정부의 긴급한 우선과제"라고 밝혔다.

이처럼 김정은이 핵·미사일 개발에 올인하고 있는 것은 (1) 자신의 정권 기반 공고화, (2) 강한 군사지도자 이미지 구축, (3) 대남 비대칭군사력 우위 확보, (4) 경제·외교적 실리 확보를 위한 협상 카드로 활용, 그리고 (5) 김씨 일가의 영구집권을 위한 안전판 확보 등 다양한 목적을 달성하기 위한 것이다.

자위용인가 대남용인가

1990년대 초부터 불거진 북핵 문제는 진척이나 해결은커녕 더욱 깊은 나락으로 떨어져 왔다.

1994년 미·북 간 체결한 '제네바 기본합의서'와 2005년 6자회담 참가국이 공동으로 서명한 '베이징 9·19 공동성명'은 휴지 조각이 되었고, 북한은 사실상의 핵보유국 지위에 올라 한반도의 긴장을 더욱 고조시키고 있다.

이러는 사이에 북한핵 문제는 새로운 차원, 장기협상 국면으로 접어들고 있다. 북한 비핵화가 아니라 한반도 군축 협상의 개념으로 바뀌어 가고 있는 것이다. 김정은은 주요 계기마다 비핵화의 문턱을 높이며, 핵을 포기하지 않겠다는 의지를 천명하고 있다.

자위용·대남용 논쟁은 무의미

북한핵이 자위용(내부용)이냐 대남용이냐를 놓고 논쟁을 벌이는 것은 의미가 없다. 용도나 목적을 어느 한 가지로 한정하는 건 비상식적이다. 핵무기 숫자가 제로였던 15년쯤 전이나 최대 160여 개까지 추산하는 지금이나 똑같은 논쟁을 반복하고 있는 것은 어처구니가 없다.

그런데도 우리 사회에서는 여전히 이런 확증편향(confirmatory bias)이나 이분법적 주장이 통용되고 있다. 특히 좌파 진영에서는 역대 대통령을 비롯해 상당수의 사람들이 북한핵을 자위용(내부용)으로 믿었거나 믿고 싶어 했다.

미 본토 공격은 실현 불가능한 전제

일부에서는 "핵과 ICBM을 보유한 북한이 로스앤젤레스 등 미국 본토를 때릴 수 있다. 이런데도 미국이 북한을 공격할 수 있겠나?"라며 북한핵은 자위용이라고 주장한다. 이런 논리는 자연스럽게 미국이 한미 합동군사훈련 영구 중단, 평화협정 체결, 제재 해제와 경제 지원 등과 같은 조치를 전향적으로 취하면 김정은이 '비핵화라는 선순환적 해법'에 동참하러 나올 것이라는 소망으로 연결된다.

그러나 이 같은 견해는 필요충분조건을 갖추지 못했다. 북한이 미국의 군사공격에 대한 맞대응으로 본토를 공격한다는 전제 자체가 틀리기 때문이다. 당신이 김정은이라면, 만약 미국으로부터 선제 또는 보복 군사공격을 당했을 때 어떻게 행동할까? 곧바로 맞대응할까 아니면 움츠러들까? 보복을 하면 그건 바로 전면전이다. 북한 전역이 초토화될 것이고 김정은은 모든 걸 잃을 수 있다. 그러나 반대로 조금 참으면 전부를 잃지는 않는다. 자존심도 상하고 협상장에 마주 앉을 때 불리하겠지만, 그래도 이것이 합리적 선택 아닐까?

김정은은 집권 이후 벌써 두 번이나 '간 작은' 모습을 보여 줬다. 한 번은 2015년 8월 DMZ 목함지뢰 도발시 준전시상태를 선포하고 총격전까지 벌이다 갑자기 고위급 대표단을 우리 측에 파견해 굴욕적인 합의를 읍소한 바 있다. 그리고 2020년 6월 개성 남북연락사무소 폭파를 시작으로 한 도발 국면도 갑자기 당중앙군사위원회 예비회의라는 듣도 보도 못한 회의를 열어 중지시킨 전례가 있다. 당연히 김정은의 오판이나 즉흥적 정책 결정 가능성도 고려해야 하겠지만, 기본적으로 "가진 게 많은 김정은이 판돈을 한꺼번에 거는 게 쉬운 건 아니다"라는 점을 강하게 시사해 준다.

'공포의 핵균형' 관점에서 접근해야

북한핵은 미국에 대한 맞대응용이라기보다는 (1) 미국이 북한 내부를 선제타격하지 못하게 하는 방패(자위용), (2) 유사시 대남 무력도발, 초토화 작전을 수행할 수 있는 창(공격용)이라는 데 비중을 두어야 할 것이다. '공포의 핵균형', 즉 핵을 보유한 국가끼리는 전쟁을 한 사례가 없으므로, 최후 수단 차원으로 축소해석해야 할 것이다.

핵·미사일은 그 자체가 가공할 무기이며, 초기에는 내부용, 자위용일지 모르지만 시간이 흘러 역량이 더욱 강화되면 위협용, 공격용으로 발전할 수 있음은 물론이다.

깨지식 **김정은이 핵을 포기하지 않을 7가지 이유**

북한과의 협상이 잘 안 되는 이유는 무엇일까? 우리 정부의 노력이 부족해서일까 미국의 양보가 없어서일까? 둘 다 아니다. 그것은 북한핵을 보는 시각, 비핵화의 개념과 방법 등 모든 게 하늘과 땅만큼 차이 나는 데 기인한다. 이런 난제를 풀기 위해서는 현실에 대한 정확한 인식이 무엇보다 중요하다.

가장 중요한 전제는, 김정은이 순순히 핵을 포기하지 않으리라는 것이다. 그 이유는 대략 7가지로 정리된다.

북한=김정은=체제 안전=핵무기

무엇보다도 먼저, 핵보유 국가를 건설하는 것은 김일성·김정일의 유훈이고 일종의 국시다. 북한은 그동안 '북한=김정은=체제 안전=핵무기'라는 등식을 주민들에게 주입해 왔기 때문에 핵을 포기할 경우 일종의 정체성 혼란을 불러일으킬 수 있다.

핵을 스스로 포기한 사례는 남아공이 유일

둘째, 핵 포기는 어려운 선택이다. 역사적으로 핵무기를 제조해 보유했던 국가가 스스로 핵을 포기한 사례는 남아공밖에 없다. 1993년 남아공의 비핵화는 소련의 붕괴로 안보 위협이 사라진 상황에서 새로 출범하는 흑인 만델라 정부의 핵무기 관리 능력에 대한 의구심이 작용한 것이었다. 혹시 있을 수 있는 테러단체로의 핵무기 유출을 막기 위한 선제적 조치였다.

북한 지도층의 피포위 의식

셋째, 북한은 6·25 전쟁 이래 미국의 공격에 대한 '피포위 의식' 속에서 살고 있다. 그리고 핵을 포기한 리비아의 카다피와 이라크 후세인 정권의 붕괴를 타산지석으로 삼고 있다. 최선희 외무성 제1부상도 2018년 5월 기자회견에서 "리비아의 전철을 밟지 않기 위해 우리는 값비싼 대가를 치르며 믿음직한 힘을 키워 왔다"고 강조했다. 푸틴 러시아 대통령도 2017년 9월 기자회견에서 "북한은 풀뿌리를 먹는 한이 있어도 체제가 안전하다고 느끼지 못한다면 핵 프로그램을 포기하지 않을 것"이라고 전망했다.

김정은, 핵 포기 말한 적 없다

넷째, 김정은은 물론 북한의 공식 매체는 핵을 포기하겠다는 말을 단 한 차례도 한 적이 없다. 2018년 비핵화 협상으로 나오기 직전 4월 전원회의를 개최하고 '경제중심 노선으로의 전환'을 선포하기는 했지만, 핵무기·장거리 미사일 등 과거 핵 처리 여부에 대해서는 한마디도 하지 않았다. 이미 6차례의 핵실험으로 더 이상 필요가 없게 된 추가 핵실험 중단, 풍계리 핵실험장 폐기 등 '현재 핵 동결'과 '미래 핵 폐기'에 대해서만 언급했다.

후손만대에 물려줄 보검

다섯째, 북한은 최근까지도 핵무기를 '미국을 쓸어낼 정의의 보검', '후손만대에 물려줄 보검'이라고 선전하고 있다.

우리의 핵무력은 피로 얼룩진 미국의 극악한 핵범죄 역사를 끝장내고 불구대천의 핵악마를 행성에서 영영 쓸어버리기 위한 정의의 보검이다. (로동신문, 2018. 3. 6)

최고 령도자이신 김정은 동지께서 영웅적인 애국 헌신으로 평화 수호의 강력한 보검을 마련해 주심으로써 우리 후손들은 다시는 고난의 행군과 같은 처절한 고생을 겪지 않고 전쟁의 불구름을 영원히 모르게 되었다. (로동신문, 2018. 9. 8)

자위적 핵 억지력으로 우리의 안전과 미래는 영원히 담보될 것이다. (김정은, 2020. 7. 27)

김정은이 2018년 4월 방북한 폼페이오 미 국무장관에게 "내 아이들이 핵을 지닌 채 평생 살기를 원하지 않는다"고 말한 것을 비핵화 시그널로 해석한 사람들이 많았다. 그러나 이 말은 북한 비핵화 의지를 피력한 게 아니라 '주한 미군이 한반도에서 철수하여 북핵과 미국 핵우산이 함께 철폐된 한반도'를 상정한 발언이라는 점을 알아야 한다.

핵·미사일 능력 지속 강화

여섯째, 북한이 비핵화 협상을 하면서도 핵능력을 계속 증강해왔다는 점이다.

김정은이 2018년 신년사를 통해 공개 지시한 "핵탄두, 탄도미사일 대량 생산과 배치에 속도를 높여야 한다"는 명령은 아직 수정되거나 철회된 징후가 없다.

김정은이 2019년 신년사에서 "핵무기를 생산도, 사용도, 시험도, 전파도 하지 않겠다"고 언급한 것을 국내외 언론들은 비핵화 의지로 해석하였으나, 핵심적인 조치인 '폐기'나 '배치 중단' 관련 발언은 일체 없었다. 게다가 2020년 신년사에서는 '새로운 전략무기 공개'를 위협했으며, 2020년 당 창건 75주년과 2021년 8차 당대회를 기념하는 열병식에서는 신형 전략미사일을 대거 공개했다.

재래식 군사력 열세 보완

일곱째, 이 같은 북한의 핵개발 집착은 경제난으로 인해 노후화된 재래식 무기 체계를 첨단 전력으로 전환시켜 나가기 어려운 상황에서 핵·미사일 등 신형 비대칭 전략무기로 대남 군사력 우위를 계속 확보하려는 군사전략에 기인하는 것이다.

이상의 이유로, 북한이 핵을 스스로 포기할 것을 기대하기는 거의 불가능에 가깝다. 하지만 김정은은 협상 테이블로 나왔다. 그는 과연 무엇을 노리고 있을까?

김정은의 속셈은 자명하다. 일단 명분을 확보해 군사공격을 미연에 방지해 놓고, 최대한 시간을 끌면서 안보·경제적 실리도 얻고 궁극적으로는 핵도 포기하지 않겠다는 전략전술이다.

05

북한의 핵협상 전략

　　북한이 비핵화 협상으로 정책 변화를 추진한 것은 공식적으로는 2017년 미국과의 판갈이 싸움 국면에서 실시된 11월 29일 ICBM 시험발사와 곧이은 핵개발 완료 선언부터다. 이후 2018년 김정은 신년사를 통한 평창 동계올림픽 참가 의사 표명, 그해 3월 대한민국 특사단 방북 접견시 김정은의 비핵화 의지 천명 등이 있었지만, 필자의 분석에 의하면 비핵화 협상의 연원은 그보다 훨씬 더 과거로 거슬러 올라간다. 그 배경과 주요 모멘텀을 살펴본다.

북한이 비핵화 협상에 나선 배경

북한이 비핵화 협상으로 나온 일련의 과정을 추적해 보면 2016년 5월 7차 당대회가 시발점으로 추정된다.

갑작스러운 7차 당대회 소집 지시

북한은 2016년 1월 4차 핵실험(수소폭탄 실험에 성공했다고 주장)을 두 달여 앞둔 2015년 10월 30일, 느닷없이 '2016년 5월 7차 당대회 소집'을 결정한다.

북한의 중장기 정책 노선을 결정하는 당대회는 1980년 6차 당대회 이후 동구권 붕괴, 경제난 등 내외 여건의 악화로 36년 동안이나 소집되지 못하고 있었다. 개최 그 자체만으로 '사변'이라 할 중요한 회의가 갑작스럽게 결정되었다.

당대회 소집 결정이 갑자기 이뤄졌다는 것은, 2015년 10월 15일에 김일성사회주의청년동맹(현 사회주의대국청년동맹) 전원회의가 청년동맹 9차대회를 2016년 1월에 소집한다고 공고했다가, 10월 30일 당정치국회의 결정이 나오자 전원회의 일정을 7차 당대회 이후로 변경한 것에서 알 수 있다. 즉, 10월 15일 청년동맹 전원회의 전까지는 7차 당대회 소집이 아직 결정되지 않았으며, 당대회 개최 논의는 10월 16일부터 30일 사이에 갑자기 이뤄진 것이다.

김정은이 북한의 미래를 논의하는 매머드급 회의를 갑작스럽게 소집하게 된 것으로 보아, 그 보름 사이에 원자력 관련 기관에서 "수소폭탄 실험 준비 완료, 성공 가능성 99.9퍼센트"를 보고했을 가능성이 크다. '핵개발' 시기냐, '핵보유' 국면이냐에 따라 북한의 대내외 정책은 완전히 달라져야 하기 때문이다.

통상 당대회 소집이 결정되면 당조직지도부 주관으로 각급 기관에서 파견된 당대회준비 실무소조(T/F)가 결성되어, 대회와 대회 사이의 사업 전반을 총결산하고 향후 권력구조, 정책 방향 등에 대한 새로운 가이드라인을 설정한 후 김정은의 사업총화보고와 당대회 결정서 등을 준비한다. 따라서 소분과로 '핵정책검토 상무조(T/F)'가 설치되어 여기에서 핵·미사일 개발 완료 시점과 방법, 그리고 완료 이후의 정책 방향을 수립했을 것으로 추정된다.

이러한 추론은 2016년 7월 한국으로 귀순한 전 영국 주재 북한 공사 태영호 의원이 "김정은이 '2017년 말까지 핵개발을 완료하라'고 지시했다"고 증언한 데서도 뒷받침된다. 김정은이 핵개발 완료 시점을 2017년 말로 설정한 것은 (1) 북한의 핵·미사일 개발 속도, (2) 2016년 미국 대통령 선거 기간중 북한 도발에 대한 대응이 어려우리라는 예측, (3) 2017년 12월로 예정됐던 한국의 제19대 대통령 선거(탄핵 사태로 5월에 조기선거) 등을 종합적으로 고려한 결과로 평가된다. 실제로 7차 당대회에서 김정은은 핵보유국의 위상에 걸맞은 대외관계의 변화 필요성을 강조했다.

핵무기 연구 부문에서는 세 차례의 지하 핵시험과 첫 수소탄 시험을 성공적으로 진행함으로써 우리나라를 세계적인 핵강국의 전렬에 당당히 올려 세우고, 미제의 피비린내 나는 침략과 핵위협의 역사에 종지부를 찍게 한 자랑찬 승리를 이룩했다. 자주의 강국, 핵보유국의 지위에 맞게 대외관계 발전에서 새로운 장을 열어 나가야 한다. 시대는 달라지고 우리나라의 지위도 달라졌다. 우리 공화국이 존엄 높은 자주의 강국, 핵강국의 지위에 당당히 올라선 만큼 그에 맞게 대외관계를 발전시켜 나가야 한다. (김정은, 2016년 5월 7차 당대회 사업총화보고)

'한반도 비핵화 5대원칙' 공식화

북한은 당대회가 끝나고 2개월이 경과할 무렵인 2016년 7월 6일 정부 대변인 성명을 발표하고 '한반도 비핵화를 위한 5대 조건'으로 (1) 남한 내 미국 핵무기 공개, (2) 남한 내 모든 핵기지 철폐 및 검증, (3) 미국 핵타격 수단의 한반도 전개 금지 보장, (4) 대북한 핵무기 사용 및 위협 금지 약속, (5) 주한 미군 철수 선포를 제시했다. 이 역시 북한이 비핵화 협상 전략을 일찍부터 암중모색하고 있었다는 중요한 증좌다. 북한 자신은 핵개발에 총력을 경주하면서 그 정반대 개념인 '비핵화' 조건을 언급한 것은, 핵개발 성공 이후의 전술을 이미 검토하고 있었음을 입증한다.

미 본토 사정권 ICBM 시험발사 결정

다음으로 주목할 시점은 당 7기 2차 전원회의가 열린 2017년 10월이다. 회의는 제1의제로 '조성된 정세에 대처한 당면한 몇 가지 과업에 대하여'를 상정했다. 그 얼마 전인 9월 3일 6차 핵실험 이후 미국의 강화된 제재 압박에 대한 대응 방안과, 미 본토를 타깃으로 하는 ICBM 시험발사를 통해 핵개발 완료를 선언한다는

북한의 비핵화 협상으로의 정책 전환 모멘텀

일자	내용
2015. 10. 30	김정은, 7차 당대회 2016년 5월 소집 결정 * 10. 16~30 사이 수소탄 실험 준비 완료 보고(추정)
2016. 1. 6	4차 핵실험 * 북, 수소탄 실험 성공 주장
2016. 5. 6	7차 당대회 * 핵보유국 위상에 맞게 대외관계 변화
2016. 7	태영호, "김정은이 '2017년 말까지 핵개발 완료' 지시"
2016. 7. 6	북, 정부 성명으로 '한반도 비핵화를 위한 5대 조건' 제시
2017. 1. 1	김정은, "핵·미사일 개발이 마무리에 있음"을 강조
2017. 9. 3	6차 핵실험
2017. 11. 29	화성-15호 ICBM 발사 및 핵개발 완료 선언
2017. 12월 초	김정은, 백두산 등정 * 비핵화 협상 참여 최종 결단(추정)
2018. 1. 1	김정은, 평창 동계올림픽 북 참가 의사 표명

전략을 토의, 결정했을 가능성이 크다.

핵·미사일 개발 완료 선언

북한은 이렇게 내부 정비를 끝낸 후, 한 달 뒤인 2017년 11월 29일 화성-15호를 발사하고 핵·미사일 개발 완료를 선언했다.

화성-15호 ICBM 시험발사는 북한이 성공을 주장하긴 했으나, 핵탄두 소형화와 대기권 재진입 기술 등은 여전히 의문으로 남았다는 게 전문가들의 일치된 평가였다. 그럼에도 불구하고 북한은 핵개발 완료를 조기에 선언했는데, 여기에는 2017년 말까지 핵개발을 완료한다는 김정은의 거듭된 구상 천명과, 평창 동계올림픽이 개최되는 2018년이 비핵화 협상으로 정책을 전환하기 위한 최적의 시기라는 판단이 작용했을 것으로 보인다.

2018년 신년사에서 유화적 제스처

다시 한 달여 뒤 김정은은 2018년 1월 1일 신년사를 통해 평창 동계올림픽 참가 의사를 공개적으로 선언하고, 3월 5일 방북한 대한민국 특사단에게 한반도 비핵화 논의를 위한 미북 회담 주선을 당부함으로써 미국과의 협상 물꼬를 튼다.

이처럼 북한의 비핵화 협상으로의 정책 전환은 오랫동안 검토해 온, 정권 안정과 체제 발전을 동시에 확보하려는 김정은 구상의 본격화, 핵개발에 이은 김정은의 또 다른 승부수라고 할 수 있다. 따라서 북한의 노선 전환을 트럼프의 공으로 돌리는 것은 외교적 레토릭 수준에 머물러야 한다. 김정은의 치밀한 사전 준비가 이미 오래전부터 진행되어 왔기 때문이다. 진단이 정확해야 바른 처방을 할 수 있다.

북한의 '변수형 비핵화' 전략

"북한이 비핵화한다고 했으니 일단 믿어 봐야 한다"고 주장하는 사람이 있다. 그래서는 김정은의 기만전술에 당하기 쉽다.

그런가 하면 "북한은 핵을 절대 포기하지 않을 것이다. 협상에 나온 것은 위장 쇼일 뿐이다. 레짐 체인지만이 답이다"라고 설파하는 분도 있다. 이 역시 정답이 될 수 없다. 이렇게 단순하게 속단하고 나면 군사공격을 통한 레짐 체인지 같은 외통수밖에 남지 않아, 후속 대응책이 마땅치 않다. 북한이 거짓말일지라도 비핵화를 한다고 하는데, 대놓고 "너 안 할 거잖아. 위장 쇼잖아"라고 무시하며 겁박만 할 수 있을까? 이런 유의 주장은 말하기 쉽고 듣는 사람들도 속시원할지 모르지만, (1) 평화통일과 국제평화를 명문화한 헌법 정신(제4조 "대한민국은 통일을 지향하며, 자유민주적 기본질서에 입각한 평화적 통일정책을 수립하고 이를 추진한다", 제5조 "대한민국은 국제

평화의 유지에 노력하고 침략적 전쟁을 부인한다"), (2) 북한의 자폭적인 대남 도발 가능성, (3) 중국과 러시아의 이해관계 등 넘어야 할 산이 너무 많다. 남북관계, 특히 국제정치 역학구도 측면에서 선택하기 쉽지 않은 극단적인 방안이다.

북한의 비핵화 협상 전략에는 치밀하게 계산된 계획과 복선이 깔려 있다. 선의로나 단선적으로 접근해서는 김정은의 노림수에 걸려들 수 있다.

변수형 비핵화 전략의 개념

북한의 '변수형 비핵화 전략'은 핵개발이 어느 정도 이루어진 상황에서 먼저 '비핵화 의지'를 표명함으로써 명분도 확보하고 군사공격도 예방하는 데 목적이 있다.

그다음 협상 단계에서는 철저히 '북한의 방식과 속도'로 진행하며, 핵 폐기는 한미 합동군사훈련 영구 중단, 평화협정 체결, 미북 수교, 주한 미군 철수 등 '체제 안전을 위한 환경'이 조성되는 최종 순간에 실행한다는 것이다. 다시 말해 협상을 하는 동안 핵을 활용해 안전보장과 경제 실리를 함께 도모하려는 술수다.

다음으로 마지막 세 번째가 가장 핵심적인 목표라고 할 수 있는데, 북한이 설정한 변수들이 충족되지 않거나 한국과 미국에서 김정은을 반대하는 정권이 출범하는 상황이 발생할 경우에는 보다 나아진 경제·외교적 여건을 가진 채 핵보유국으로 회귀한다는 전

```
┌─────────────────────────────────────────────────┐
│              '변수형 비핵화' 전략                 │
│                                                   │
│   ┌───────────────────────────────────────────┐ │
│   │            "비핵화한다" 천명               │ │
│   │        (명분 확보, 군사공격 방지)          │ │
│   └───────────────────────────────────────────┘ │
│                                                   │
│   ┌───────────────────────────────────────────┐ │
│   │       비핵화 방식과 속도는 北이 결정       │ │
│   │          (안전보장, 실리 획득)             │ │
│   └───────────────────────────────────────────┘ │
│                                                   │
│   ┌───────────────────────────────────────────┐ │
│   │    단기·중기·최종 변수가 충족되지 않으면   │ │
│   │            핵보유국으로 회귀               │ │
│   │          (옵션, 최종 목표)                 │ │
│   └───────────────────────────────────────────┘ │
│                                                   │
│                      ⇓                            │
│            '꿩 먹고 알 먹기' 복합전술             │
└─────────────────────────────────────────────────┘
```

략전술이다.

세 가지 변수

북한의 비핵화 협상 전략의 핵이라고 할 수 있는 '변수'는 단기·장기·최종의 세가지로 나눠 볼 수 있다.

단기적으로는 미국의 핵항모 등 전략자산의 한반도 전개 금지, 한미 합동군사훈련 중단, 대북 제재 부분 해제 등이 작용할 것이며, 중장기적으로는 종전선언 채택, 남북 경협의 속도와 폭, 핵시설 검증 방법 등이 중요 변수로 작용할 것으로 예상된다. 그리고 최종적으로는 평화협정 체결, 미북 수교, 주한 미군 철수를 통한 완전한 체제 안전 보장이 될 것이다. 향후 이러한 변수들이 북한 및 국제정세, 김정은과 미국 바이든 정부의 정책 방향 등과 융합 작용을 일으켜 비핵화를 촉진시킬지, 아니면 북한이 핵보유국 전술로 돌아설지 여부를 결정하게 될 것이다.

변수형 비핵화 전략의 이점

김정은의 입장에서 변수형 비핵화 전략은 대략 열 가지 이점을 가지고 있다.

(1) 비핵화 의지를 보이는 것만으로 명분에서 우위를 점할 수 있다.

(2) 미국의 제재 강화, 군사공격을 예방할 수 있다.

(3) 중·러 및 대한민국 정부와의 교류협력 기반을 조성할 수 있다.

(4) 대북 제재의 숨통을 틔울 수 있다.

(5) 협상 기간중에도 내밀하게 핵·미사일 능력을 제고할 수 있다.

(6) 북한의 비핵화 해법인 '단계적·동시적 조치 틀'로 한국과 미국을 끌어들일 수 있다.

(7) 협상 기간중 한미 간 갈등을 조장할 수 있다.

(8) 확실한 실리를 챙길 수 있다.

(9) 변수를 둘러싼 공방이 발생할 경우, 일시적인 가역적(reversible) 조치 또는 완전한 회귀(turn)를 선택할 수 있다.

(10) 무엇보다도 북한이 비핵화 완료 또는 핵보유국으로의 회귀 여부를 언제든지 선택할 수 있다.

변수형 비핵화 전략은 김정은 입장에서 한마디로 바둑의 꽃놀이패와도 같은 것이라고 할 수 있다.

변수형 비핵화 전략의 단점

반대로, 북한이 비핵화를 거부할 경우에는 (1) 경제 건설 노선에 차질이 발생할 수 있고, (2) 대북 제재가 더욱 강화될 수 있고, (3) 미국을 실망시킬 경우 군사공격을 자극할 위험도 있다. 그렇지만 이마저도 (1) 북한이 1990년대 중반 경제 위기를 '고난의 행군'으로 극복한 사례, (2) 최근 주민들이 장마당, 텃밭 등 비공식경제를 통해 생활해 나가고 있는 점, (3) 중국이 김정은 정권의 후원자를 자처하고 있는 상황 등을 고려해 볼 때 북한이 충분히 감내할 수 있는 사안이다. 그리고 미국의 군사 옵션은 그간 적용의 실효성과 파급 영향을 둘러싸고 다양한 문제점이 지적되어 실제로 사용하기 어려운 방안이다. 특히 미·중 갈등이 심화되고 있는 지금 같은 국면에서는 미국이 더더욱 선택하기 어려운 카드다.

변수형 비핵화 전략은 현재진행형

이처럼 김정은은 변수형 비핵화 전략에 기초하여 핵·미사일 개발을 위한 시간을 벌면서 시기와 폭을 조절해 나가고 있다. 2019년 2월 미북 정상회담의 합의서 채택 실패, 즉 '하노이 노딜' 이후 지금까지의 상황도 변수형 비핵화 전략의 큰 틀에서 보면 하나의 과정일 뿐이다. 언젠가는 대화와 협상은 다시 시작된다. 협상이 재개되면 북한은 또다시 강화된 핵·미사일 전력과 다양한 변수들을 활용해 줄다리기를 계속 할 것이다.

실효적인 대안은 '대화와 압박'

우리 정부가 취할 수 있는 실효적인 방법은, 김정은의 속셈이 빤히 보이긴 하지만 북한을 협상의 틀에 묶어 두고 대화와 압박을 병행해 나가는 수밖에 없다. 어차피 국제정치는 복잡계여서 두부모 자르듯이 할 수 없다. 때로는 다 알면서 당해야 할 때도 있다.

그 대신, 북한의 말을 액면 그대로 믿거나, 북한이 만든 프레임에 끌려들어 가서는 안 된다. 김정은이 한국과 미국의 운동장에서 자신이 언급한 비핵화를 실천하도록 만들어 나가야 한다. 그것이 외교이고 위기관리 전략전술이다.

'비핵화＝불비핵화'의 불편한 진실

북한핵 문제 해결책에 대한 시각은 앞서 살펴본 대로 너무 극명하게 엇갈리고 있다. 각자 나름의 논리는 있지만, 조금 걱정스럽다. 한반도 평화에 대한 갈망과 우국충정도 느껴지지만, 학문의 세계와 현실 정치외교에서 금기시하고 있는 소망성 사고와 고정 관념에 경도되어 있다는 생각을 지울 수가 없다.

양극단 논리의 비현실성

김정은의 비핵화 발언을 굳게 믿는 분들에게 다시 한 번 묻고 싶다. 김정은이 언급한 비핵화가 '북한 비핵화'가 아니라 조선반도, 즉 '한반도 전역의 비핵화'라는 사실에 왜 애써 눈감고 있는지?

한반도 비핵화는 북한이 시종일관 요구하고 있는 미국 전략 자산의 한반도 전개 금지, 한미 합동군사훈련 영구 중단을 넘어 평화협정 체결, 주한 미군 철수 목표가 달성돼야 이뤄지는 것이다. 이런 사실은 북한이 2016년 5월 7차 당대회 폐막 직후 발표한 '7월 6일 자 공화국 정부 성명'(한반도 비핵화 5대원칙)에 고스란히 활자화되어 있는데도 말이다.

반대로, 김정은이 핵을 포기하지 않을 것이므로 "고립, 압박 또는 군사공격으로 김정은 정권을 붕괴시키는 게 최선"이라고 주장하는 분들에게도 묻고 싶다. 이것이 과연 헌법에 평화통일을 천명하고 있는 대한민국의 공식적인 대북 정책이 될 수 있는지? 중국, 미국 등 주변국 입장은 생각해 보았는지? 중국이 이런 초강경책에 참여하거나 묵인할 가능성이 있는지? 수백만 노동당원, 아니, 2,500만 북한 주민이 수령을 중심으로 운명공동체 생활을 해 온 북한 정권의 특수성을 고려해 보았는지?

외교는 현실이고, 상대가 있다. 이상이나 주장만으로는 한계가 분명하다. 세계는 오늘의 우방이 내일은 적이 되고, 원수가 어느 날 친구로 돌변하는 정글의 법칙이 작용하는 곳이다. 다양한 변수를 고려한 치밀한 전략전술로 대응해 나가야 한다. 이를 위해서는 현실을 있는 그대로 직시해야 한다. 색안경을 쓰고 봐서는 안 된다.

예를 들어 아들이 공부는 하지 않고 나쁜 아이들과 어울리더니 급기야 폭력서클의 행동대장이 됐다고 가정해 보자. 그야말로 큰 골칫거리다. 그런데 어머니와 주변에서 간곡히 설득하자 아들이 어느 날 어머니한테 "앞으로 열심히 공부해서 대학에 가겠습니다. 그러니 격려 차원에서 500만 원만 먼저 주시고, 아버지와 형이 다시는 손찌검하지 않게 해 주세요"라고 말한다. 여러분이 이 아이의 부모라면 과연 어떻게 할까? "아이고, 우리 아들이 인제서야 철들었구나!" 하며 돈을 선뜻 주고, 아빠도 아이 요구대로 약속해 주겠는가? 아마 쉽지 않을 것이다. 돈을 받은 후에 약속을 잘 지킬지, 그 돈을 어디에 어떻게 쓸지 모르니까 말이다. 그렇다고 "너한테 한두 번 속았냐? 어디다 대고 또 거짓말을 해!"라고 면박을 주겠는가? 이것도 쉽지 않을 것이다.

아이가 공부를 안 하겠다고 버티면 부모 입장에서 해결책은 간

단하다. 속타지만 체념하거나, 체념 못 하겠으면 강제로 기숙사에 집어넣고 공부를 시키면 된다. 그런데 아들이 마음을 고쳐먹고 공부하겠다고 한다면 상황은 완전히 달라진다. 당연히 계획을 들어보고, 필요하다면 서약서라도 쓰게 하는 게 순리다.

비핵화 협상 노선은 고도의 전략전술

김정은이 핵개발 성공을 바탕으로 비핵화로 방점을 옮긴 것은 많은 사람들이 얘기하듯이 트럼프의 공도 아니고, 북한의 공갈도 아니다. 앞선 비유의 사춘기 아들처럼 김정은 스스로가 결심하여 노선 전환을 선언했다. 따라서 정부의 대응은 그 아이의 부모처럼 계획을 꼼꼼히 따지고 다짐을 받는 것이어야 한다. 마냥 선의만 믿어서도 안 되지만, 믿지 못하겠다며 혼내고 따귀를 때려서도 안된다. 진의를 꼼꼼히 확인하며 이행 상황을 감독해 나가야 한다.

김정은은 콤플렉스를 가지고 있지만 동시에 야망도 지닌 승부사다. 인간이기를 거부하는 악마의 얼굴도 가지고 있지만, 북조선을 김씨 일가가 영구 집권하는 풍요로운 강성국가로 탈바꿈시키고자 하는 야심, 대전략도 가지고 있는 젊은 지도자다. 과대평가만큼이나 과소평가도 금물이다. 김정은 집권 이후 과정을 복기해보면, 그는 분명히 대전략에 기초해서 움직이고 있다. 그리고 그 큰 그림을 구현하기 위해 다양한 도전과 응전을 배합하고 있다. 그래서 핵도 죽기살기로 개발했고, 비핵화 협상으로 노선을 전환하기도 했다. 이 과정에서 국제사회의 대북 제재는 북한을 비핵화로 나오게 한 제1요인은 아니다. 중요한 요인 여럿 중의 하나일 뿐이다. 북한은 궁핍이 일상화된 나라다. 그리고 김정은은 북한 주민이 다 죽어 나가도 눈 하나 깜빡하지 않을 독재자라는 사실을 간과해서는 안 된다.

북한의 가칭 '변수형 비핵화 전략'은 그 이름과 달리 아니러니하게도 핵을 포기하지 않기 위한 프로세스, 다시 말하면 핵군축을 노린 전략전술일 가능성이 매우 크다. 핵보유를 추진하는 국가, 핵을 포기하고 싶지 않은 국가의 당연한 전략전술, 협상 태도다. 거듭 강조하거니와 우리는 북한의 전략전술에 대한 정확한 분석을 기초로 북한을 상대해 나가야 한다. 북한은 이렇게 치밀한데 우리마냥 선의만 갖고 상대하거나 정반대로 사기라고 비난부터 한다면 그 승패는 뻔하다. 김정은에게 크게 당하거나, 닭 쫓던 개 지붕 쳐다보는 격이 될 수밖에 없다.

김정은이 말하는 비핵화는 결코 '북한 비핵화'를 의미하는 것이 아니다. 김일성 시대부터 주장해 온 '미국의 핵우산이 철거되고 주한 미군이 철수한 한반도'를 상정한 '조선반도 비핵지대화론'의 연장이다.

김정은은 집권 이후 단 한 차례도 '북한 비핵화'라는 표현을 자신의 입으로 말하거나 공식 매체, 합의서 등에 명기한 일이 없다. 오로지 핵개발의 당위성과 권리를 강조하면서 '비핵화'나 '한반도 비핵화'와 같은 용어를 사용하고 있다. 이는 평화를 지향한다는 명분을 확보하는 가운데 협상에서 등가적 상호조치를 요구하기 위한 고도의 전략전술적 행동이다. 이것은 2016년 5월 7차 당대회가 종료된 직후 발표한 '한반도 비핵화를 위한 5대 조건'에 그대로 나타나 있다.

이후 북한은 남북 및 미북 간 합의문에 이를 관철시켜 나가고 있다. 즉, 조항에 '한반도 비핵화'로 표기하고, 다른 사항들이 이행될 경우 시행하는 조건부(후순위 배치)로 되어 있으며, '이행한다'가 아니라 '노력한다'로 명기되어 있다. 이것은 2005년 9월 베이징에서 6자회담 참가국이 합의한 9·19 베이징 공동선언이 첫 조항에 '북한핵 폐기'를 명기한 것과 큰 차이가 난다.

9·19 베이징 공동선언(2005)

제1조. 조선민주주의인민공화국은 모든 핵무기와 현존하는 핵 계획을 포기할 것과 조속한 시일 내 핵확산금지조약(NPT) 과 국제원자력기구(IAEA)의 안전조치에 복귀할 것을 공약하였다.

남북 및 미북 정상회담 합의문(2018)

4·27 남북 정상회담 합의문, 제3조. 한반도의 항구적 평화체제 구축(한반도 비핵화 노력)

6·12 미북 정상회담 합의문, 제3조. 한반도의 완전한 비핵화 노력

9·19 남북 정상회담 합의문, 제5조. 한반도 비핵화 노력

북한이 비핵화 협상이 진행되는 동안에도 미국의 대북 적대시 정책 철회를 요구하며 핵·미사일 전력 강화를 중단하지 않은 것도 같은 선상에서 이해할 수 있다. 많은 사람들이 김정은이 2018년 4월 방북한 폼페이오 미국 국무장관에게 "내 아이들이 핵을 지

닌 채 평생 살기를 원하지 않는다"고 말한 것도 북한 비핵화가
아니라 '북한핵과 미국의 핵우산이 함께 철폐된 한반도'를 상정
한 발언이라는 점을 유념해야 한다. 이 같은 저의는 2018년 12월
20일 조선중앙통신의 보도를 보면 더욱 확실히 알 수 있다.

조선반도 비핵화라고 할 때 북과 남의 영역 안에서뿐 아니라
조선반도를 겨냥하고 있는 주변으로부터의 모든 핵위협 요인
을 제거한다는 것을 의미한다. (······) 조선반도 비핵화란 우리의
핵억제력을 없애기 전에 '조선에 대한 미국의 핵위협을 완전히
제거하는 것'이라고 하는 것이 제대로 된 정의이다.

대한민국은 이미 1991년 11월 주한 미군의 전술핵을 모두 철수
시킨 후 "단 한 개의 핵무기도 없다"고 선언했다. 그러므로 우리
는 북한핵만 폐기하면 한반도 비핵화는 달성되는 것으로 해석한
다. 그러나 북한은 다르다. "조선에 대한 미국의 핵위협을 완전히
제거해야 한다"는 것이다. 이는 곧 한미 합동군사훈련 영구 중
단, 미국의 핵우산 철폐, 주한 미군 철수로 귀결되는 것이다. 한마
디로 김정은의 속셈은 한국과 미국이 들어 줄 수 없는 조건을 내
걸어 협상 과정에서 핵도 갖고 경제·외교적 실리도 챙기려는 '핑

먹고 알 먹기' 위한 전략전술이다.

김정은은 2021년 들어서는 아예 한 발 더 나아가, 8차 당대회를 소집하고 '핵을 기초한 무력적화통일 노선'을 당규약에 명문화했다.

개정된 당규약에서는 조국통일을 위한 투쟁과업 부분에 강력한 국방력으로 근원적인 군사적 위협들을 제압하여 조선반도의 안정과 평화적 환경을 수호한다는 데 대하여 명백히 밝히였다. 이것은 강위력한 국방력에 의거하여 조선반도의 영원한 평화적 안정을 보장하고 조국통일의 역사적 위업을 앞당기려는 우리 당의 확고부동한 입장의 반영으로 된다. (조선중앙통신, 2021. 1. 10)

국력향상의 징표의 하나인 부단히 증가되는 국가 방위력도 분단과 전쟁의 원흉인 외세의 최후발악을 봉쇄하고 조선반도의 평화를 보장하며 통일을 앞당기는 현실적인 힘이다.(조총련 기관지 조선신보, 2021. 6. 7)

이는 핵무기 개발이 9부 능선을 넘은 상황에서 "더 이상의 비핵화 협상은 없다. 핵군축 협상만이 있을 뿐이다. 대결 국면이 격화될 경우에는 무력도발도 서슴지 않겠다"는 것을 노골화한 것이다.

결론적으로 김정은은 (1) 비핵화 발언을 통해 역으로 북한이 핵보유국임을 공식화한 가운데 (2) 핵·미사일을 더욱 고도화·대량생산할 수 있는 시간을 벌고 (3) 향후 협상을 조건부 군축협상으로 진행함으로써 핵을 어떻게 해서라도 보유하려는 고도의 전략전술, 즉 파키스탄 식 핵보유 모델을 구사하고 있다고 평가된다.

파키스탄 식 핵보유 모델

파키스탄은 1988년 첫 핵실험 이후 총 6차례의 핵실험을 강행하여 미국으로부터 강력한 제재를 받았다. 하지만 아프가니스탄 전쟁 당시 미국의 반테러 전쟁을 전방위적으로 지원하면서 핵보유를 사실상 묵인받았다. 국제사회가 핵확산금지조약(NPT) 체제 하에서 파키스탄을 공식적으로 핵보유국으로 인정하지는 않지만, 이를 문제 삼아 제재를 가하지도 않는 상황, 즉 '사실상의 핵보유국 모델'이다.

정의용 외교부 장관의 '한반도 비핵화' 론에 대한 반박

정의용 외교부 장관은 국가안보실장 재직시부터 '한반도 비핵화' 용어를 사용해 왔으며, 급기야 2021년 5월 한미 정상회담에서는 바이든 정부를 설득하여 공동성명에 '북한 비핵화' 대신 '한반도 비핵화' 문구 명기를 관철시켰다. 이후 기자회견과 국회 질의 답변 등을 통해 "한반도 비핵화라는 용어는 이미 1992년 남북이 합의한 한반도 비핵화 공동선언부터 사용해 오고 있는 개념이다", "남북한 사이 한반도 비핵화론에 차이가 없다", "북한의 비핵지대화론은 사실상 소멸된 개념이다"라는 주장을 펼치고 있다.

자구 하나에 촉각을 곤두세우는 외교관, 특히 국가 외교를 책임지고 있는 수장으로서 적확한 태도가 아니다. 북한은 앞서 살펴본 것처럼 '비핵화'라는 모호한 표현을 사용하는 용어 혼란 전술을 구사하고 있는데 북한의 전략전술에 말려든 느낌을 지울 수가 없다.

정 장관이 주장하는 포인트는 다음과 같다.

"남북이 공동으로 사용한 한반도의 완전한 비핵화는 1992년 한반도 비핵화 공동선언 1조에 나와 있는 '남과 북은 핵무기의 시험, 제조, 생산, 접수, 보유, 저장, 배비^{配備}, 사용을 하지 않는다'는 여덟 가지 개념을 포함하는 것이다. 이는 남북한 영토 내의 모든 핵무기와 핵 제조 프로그램을 완전히 폐기하고 향후에도 보유하지 않겠다는 선언이다. 미국의 핵확장억제력 제공, 주한 미군 주둔과 같은 핵우산 문제는 한반도의 비핵화와 상관없다는 것이 우리 정부의 기본 입장이다. 우리는 그동안 북측에도 분명히 얘기했고, 북한도 충분히 이해하고 있다고 보고 있다. 북한은 한반도 비핵화 선언 이후 비핵지대화라는 말을 한 번도 쓴 적이 없다"(오마이뉴스, 2021. 5. 28; 중앙일보, 5. 29).

징 장관의 말대로라면 좋겠다. 그렇지만 불행히도 그의 발언은 사실과 거리가 있다. 팩트가 틀리고, 자의적으로 해석하고 있으며, 외교에서 절대 금기시하는 소망성 사고(wishful thinking)의 기미마저 보인다.

정 장관의 주장에 동의하지 않는 이유는 다음 세 가지다.

첫째, 1992년 한반도 비핵화 공동선언은 1991년 12월 18일 노태우 대통령이 미군의 전술핵 철수를 완료한 후 "지금 이 순간 대한민국에는 단 하나의 핵무기도 존재하지 않는다"고 선언한 것을 전제로 북한의 핵무기 개발(8가지) 중지를 명기한 선언이었다. 즉, 공식 표현만 '한반도 비핵화' 공동선언이었지, 남한에는 이미 핵무기가 한 개도 없기 때문에 실제로는 '북한 비핵화'를 규정한 선언이었다. 북한도 그런 사실을 인정하고 사인을 한 것이었다. 그러나 북한은 1980년대 말부터 불어닥친 사회주의권 몰락이라는 쓰나미 국면이 지나자, 북한식 사회주의의 우월성을 주장하면서 국제사회의 경고와 제재를 뿌리치고 핵무기 개발에 박차를 가하여 지금은 사실상의 핵보유국 대열에 올라섰다. 다시 말해서 '1992년 한반도 비핵화 공동선언'은 북한의 입장에서는 '굴욕적 문서'(위기 회피용)이며, 이미 고의적으로 사문화死文化시킨 문서라는 것이다. 그런데 왜 우리는 죽은 고목나무같이 효력이 다한 문서를 붙들고 있어야 하는지 모르겠다. 1992년 당시는 북한이 체제 위기 상황 하에서 핵무기 개발을 모색하는 시기(남북한 핵무기 보유 수 0 대 0)였고, 2021년 현재는 북한이 사실상의 핵보유국이 되어 최소한 0 대 50의 국면이다. 모든 게 180도 바뀌었다. 정 장관의 상황 인식이 너무나 안이하다.

둘째, "미국의 핵우산과 주한 미군의 주둔은 한반도 비핵화와 관련이 없다는 게 우리 정부의 입장이고, 북한도 그렇게 이해하고 있다"는 말은 더더욱 이해가 되지 않는다. 앞에 구체적으로 내용을 적시한 2016년 7월 6일의 '비핵화 5대원칙' 성명과 2018년 12월 18일의 조선중앙통신 보도 등 북한의 공식 문건에서 '미국의 핵우산 철거와 주한미군 철수'를 비핵화의 선행조건으로 명백히 규정하고 있는 것과 완전히 상치되기 때문이다.

셋째, 특히 "북한에게 이런 사실을 충분히 애기했고, 북한도 이해하고 있다"는 발언은 위에서 언급한 사실은 물론이고 김정은이 지난 8차 당대회 사업총화보고에서 '한미 합동군사훈련 중지'를 근본 문제라고 주장하는 등의 정황을 고려해 볼 때 신빙성이 높지 않다. 김정은·트럼프 정상회담 성사와 비핵화 협상의 가시적 성과 도출을 위해 김정은에게 에둘러 이야기하고, 그의 반응을 자의적으로 해석한 건 아닌지 의심스럽다.

마지막으로, 정부(정의용 장관)에 당부한다. '한반도 비핵화'라는 용어가 맞다고 강변하고 있고, 북한을 회담 테이블로 다시 불러내기 위해 미국까지 설득하여 공동성명서에까지 명기했으니 용어 사용의 철회까지는 요구하지 않겠다. 그러나 북한이 전통적으로 용어 혼란 전술을 중요한 대남혁명 전술로 구사해 오고 있는데다가, 비핵화의 대상을 정확하게 규정하는 것은 너무나 중요하고 기본적인 사항이기 때문에, 향후 대북 협상을 전후로 북한에게 다음 사항을 꼭 확인해 주길 당부한다.

"너희가 말하는 (한반도) 비핵화가 미국의 핵우산이 철거되고 주한 미군이 철수되는 상황까지를 가정한 것이냐, 아니냐?"

06

바이든 시대의 북한핵

북한은 2020년 10월 당 창건 75주년과 2021년 1월 8차 당대회 기념 열병식장에서 신형 ICBM과 SLBM을 대거 공개한 데 이어, 2021년 3월 중순 이후부터는 대남·대미 성명전과 탄도미사일 시험발사를 재개하였다. 이로써 북한의 핵·미사일 개발은 거의 마무리 수순으로 접어들고 있다. 이제 한반도는 평화가 아니라, 김정은의 입과 손가락에 모든 것을 맡기고 살아야 할 운명에 놓이게 되었다.

필자는 2018년 김정은이 비핵화 협상으로 나올 때부터 가칭 '변수형 비핵화 전략'이라는 개념을 만들어 북한의 '사실상의 핵 보유국' 전략전술의 위험성을 강조해 왔다. 김정은이 비핵화라는 말을 꺼냈으니 당연히 대화와 협상을 추진해야 하지만, 북한의

'전 한반도 공산화 통일' 대전략과 핵협상 전술을 경계해야 한다고 누구이 강조해 왔다. 그렇지만 문재인 정부는 "김정은이 비핵화할 것이다"라는 소망적인 사고와 메아리 없는 평화와 교류협력에 목을 매면서 중재자, 촉진자 역할만 자임해 왔다. 차마 입에 담기 어려운 막말과 탄도미사일 발사시험, 개성 남북연락사무소 폭파 등과 같은 막가파식 도발에도 이해 못 할 침묵으로 일관해 왔다. 북핵 문제가 이 지경에 이른 데 대해 정부의 반성과 책임을 묻지 않을 수 없다.

이 같은 전철을 다시는 밟지 않기 위해, 트럼프와 문재인 정부의 실패 요인을 분석하고 새로운 북핵 해법을 제시해 본다.

트럼프, 빅딜에서 노딜로

워싱턴 정가와 언론의 예측을 뒤엎고 민주당 힐러리 클린턴 후보를 이기고 2017년 1월 미국 제45대 대통령으로 취임한 도널드 트럼프는 부시(아들) 1기 행정부 이후 줄곧 미국의 북핵 해법을 상징하던 CVID(complete, verifiable, irreversible dismantlement), 즉 완전하고 검증 가능하며 불가역적인 비핵화 정책을 계승했다.

트럼프의 집권 4년 동안 북한과의 관계는 크게 대결기(2017. 1~2018. 3), 협상기(2018. 3~2019. 10), 교착기(2019. 10~2020. 1)로 나누어

볼 수 있다.

대결기: 코피와 핵단추

대결기인 취임 첫해는 북한의 거듭되는 ICBM 시험발사와 핵실험(9월 3일 6차 핵실험) 속에서 강 대 강 대결 구도가 형성된 시기였다. 고강도의 유엔 대북 제재 결의안이 채택되었으며, 김정은과 트럼프는 서로 말폭탄을 주고받으며 긴장 분위기를 더욱 고조시켰다. 급기야 '화염과 분노(fire and rage)', '코피(bloody nose) 작전' 등 미국의 대북 군사공격 시나리오가 신문·방송의 헤드라인을 장식하기까지 이르렀다.

북한은 더 이상 미국을 위협하지 않는 게 좋을 것이다. 북한은 화염과 분노에 직면하게 될 것이다. (트럼프 기자회견, 2017. 8. 8)

미국과 동맹국을 방어하기 위해서라면 북한을 완전히 파괴하지 않을 수 없다. (트럼프 유엔총회 연설, 2017. 9. 19)

핵단추가 내 사무실 책상 위에 항상 놓여 있다는 것은 위협이 아닌 현실임을 똑바로 알아야 한다. (김정은 신년사, 2018. 1. 1)

나는 더 크고 강력한 핵단추가 있다. (트럼프 트위터, 2018. 1. 2)

이 시기 트럼프는 힘에 기초한 평화를 강조하면서 북한의 인권 문제에 대해서도 깊은 관심을 표시했다. 2017년 11월 방한시 국회 연설에서는 대부분의 시간을 북한 체제 비판에 할애했다. 또한 2018년 1월에는 현재 국회의원으로 활동하고 있는 꽃제비 출신 탈북민 지성호 씨를 신년 의회 연두교서 발표장에 참석시키고 "북한이 도덕적으로 타락했다"고 정면 비판하기도 했다.

협상기: 노딜로 끝난 깜짝쇼

그러다가 2018년 들어 대역전이 일어났다. 북한이 2월 평창에서 개최된 동계올림픽에 참가하고, 3월 초에는 문재인 정부의 대북특사단(단장 정의용 국가안보실장)이 방북해 김정은의 "비핵화 의지와 트럼프와 면담 희망" 메시지를 수령하여 트럼프에게 전달함으로써 대결→대화로 국면이 급속하게 바뀌었다.

이후 3차례의 김정은·트럼프 정상회담을 비롯해 다양한 수준의 미북 접촉이 진행됐다. 이 과정에서 2018년 '6·12 싱가포르 합의'라는 깜짝쇼를 연출하기도 했지만, 이후 개최된 실무회담에서는 비핵화의 시기, 방법 등을 둘러싼 이견이 노정되어 한 발짝도 앞으로 나아가지 못했다. 급기야 2019년 2월 하노이 미북 정상회담 노딜, 10월 김명길·비건 간 스톡홀름 실무회담 결렬로 이어짐으로써 미국과 북한 간에는 모든 공식 협상이 중단되었다.

교착기: 트럼프 퇴장

2020년 들어서는 전 세계적인 코로나19 팬데믹 속에서 트럼프가 우크라이나 스캔들로 탄핵 사태에 휘말리고, 곧이어 미국이 대선 캠페인 국면으로 접어듦에 따라 모든 관심은 국내문제로 쏠리게 되었다. 이렇게 운신의 폭이 좁아진 트럼프는 11월 선거에서 패배한 후 대선 불복까지 주도하면서 퇴임 이후 대북 문제에서 모종의 역할을 할 수 있는 기회를 스스로 차 버렸다. 한 술 더 떠 2021년 4월에는 더욱 호전성을 보이고 있는 김정은에게 호의를 드러내면서 문재인 대통령과 서로를 폄훼·비방하는 성명전을 전개하는 등 이해하지 못할 행동을 계속하고 있다.

트럼프 전 대통령의 대북 정책은 변죽만 울렸을 뿐 완전한 성공은 거두지 못했다. (문재인 대통령 NYT 기자회견, 2021. 4. 21)

가장 힘든 시기에 알게 되고 좋아하게 된 북한의 김정은은 문재인 대통령을 존중한 적이 없었다. 문재인 대통령은 미국에 대해 장기간 지속된 군사적 바가지 씌우기와 관련한 것을 제외하면 지도자로서, 또 협상가로서 약했다. (트럼프 성명, 2021. 4. 23)

트럼프 시대 대북 협상의 특징

트럼프 재임중 김정은을 상대로 전개한 비핵화 협상은 하향식 (톱다운) 협상, 일괄타결 모색, 경제 제재 지속 추진, 개인 플레이 등을 특징으로 한다.

하향식 협상

가장 먼저, 과거와 달리 트럼프와 국무장관이 직접 나서서 김정은과 담판을 짓는 톱다운 방식으로 협상이 진행되었다는 점이다.

북한 체제가 김정은 유일영도체계가 작동하는 사회라는 점에서 지도자 간의 직접 협상이 매우 유용하기는 하지만, 북한이 '변수형 비핵화 전략'에 기초하여 핵과 경제 실리라는 두 마리 토끼를 동시에 잡으려는 목적을 가지고 있었기 때문에 톱다운 협상의 한계는 명확했다. 이는 싱가포르에서 김정은과 트럼프가 합의를 했음에도 이후 실무협상에서 타협점을 찾지 못한 것이 웅변적으로 증명한다. 한마디로 북한의 핵전략전술 관련 세부 지식이 없는 트럼프는 '포괄적인 비핵화 합의'를 했다고 생각하겠지만, 김정은은 미국의 선先 신뢰 조치를 염두에 둔 '조건부 합의'를 했다. 그러므로 그 이후 실무회담이 잘 진척될 리가 만무했다.

일괄타결 모색

다음으로, 빅딜에 기초한 일괄타결을 추진한 점이다. 그러나 비핵화의 개념에 대한 서로의 이해, 속셈이 너무나 달라 평행선만 달렸다. 미국은 북한 비핵화를, 북한은 한반도 전역의 비핵화를 염두에 두었으니 그야말로 동상이몽이었다. 일괄타결을 추진하기에 앞서 가장 기본적인 비핵화의 개념부터 서로 확인, 조율하는 게 먼저였다.

경제 제재 지속 추진

셋째, 북한의 숨통을 조이는 경제 제재를 일관되게 추진한 것이 주목된다. 이를 위해 중국 역할론을 강조하면서 중국을 압박했다. 그러나 중국은 전통적으로 번견론蕃犬論에 기초하여 북한을 중국의 우방이자 대미 최일선 버퍼존(buffer zone)으로 생각하고 있는 데다가, 미·중 간 패권경쟁이 가속화되어 큰 기대를 할 수 없었다.

개인 플레이

넷째, 트럼프의 독단과 욕심이 협상 전반을 지배했던 것도 큰 특징이다. 리얼리티 쇼 진행자이자 사업가였던 트럼프는 동맹이나 원칙보다는 개인이나 미국의 이익에 우선을 두었다. 트럼프가 대북 협상을 노벨 평화상 수상, 스캔들과 탄핵 사태 물타기, 재선 기반 구축, 동맹국 압박 수단 등으로 악용한 것은 공공연한 사실이다. 초기에는 김정은을 '로켓맨'으로 비하하면서 북한 인권 문제도 강력히 제기했지만, 협상 국면으로 접어들자 친서(이른바 '러브레터') 25통을 주고받는 사이라고 자랑하면서 공석이 된 북한인권특사를 퇴임 때까지 임명하지 않았다. 특히 6·12 싱가포르 미·북 합의문에도 없는 한미 합동군사훈련 중지 문제를 동맹국과 단 한마디도 상의하지 않고 기자회견장에서 즉흥적으로 발표한 것은 그야말로 대한민국을 무시하는 처사였다. 트럼프가 관심 있는 것은 오직 유리한 여론 조성과 동맹 때리기를 통한 실리 획득뿐이었다.

결론적으로 트럼프 대북 정책의 골자는 다음 다섯 가지로 요약된다.

(1) 비핵화 대상은 북한핵이다.
(2) 목표는 최종적이고 완전히 검증된 비핵화(final, fully verified denuclearization, FFVD)를 지향한다.

(3) 시기는 가능한 한 빠를수록 좋지만 시간에 연연하지 않는다.

(4) 방법은 일괄타결 원칙을 견지하면서 북한의 단계적, 동시적 조치
주장과의 접점을 모색한다.

(5) 협상과는 별도로 중국 등 유관국들과의 공조를 통한 대북 제재
틀은 계속 유지한다.

그러나 북한의 입장은 완전히 달랐다. 미국이 요구하는 비핵화
일정과 핵 리스트 제출 등 문제에 대해서는 신뢰와 상응 조치 미

김정은·트럼프 북핵 해법 비교

김정은		트럼프
한반도 전역 비핵화	대상	북한 비핵화
단기: 종전선언,·대북 제재 해제 장기: 평화협정 체결 등 영구적 체제 　　안전보장 확보	목표	최종적이고 완전히 검증된 비핵화 (FFVD)
상황 변화에 따라 속도 조절 (정권 안정 최우선)	시기	가능한 한 임기 내 (속도에는 연연하지 않는다)
단계적·동시적 조치 협상 동력 유지 및 주도권 장악 위한 선제조치	방법	일괄타결, 북한의 단계적·동시적 조치와 접점 모색
핵보유국 지위 암중모색	변수	대북 제재 기간 및 강도

(참고)
한국: 대상, 시기, 변수는 미측과 궤를 같이하되, 목표와 방법은 북측 주장도 안으로 고려
중국: 북한 주장 지원. 단, 핵보유국 인정은 다른 선택지가 없을 경우

흡을 이유로 계속 주저하면서, '선 신뢰 조성, 후 단계적·동시적 조치'에 합의할 것을 강조했다. 특히 협상과는 무관하게 핵·미사일 능력을 끊임없이 증강시켜 왔다.

북한의 비핵화 관련 입장은 다음 다섯 가지로 요약할 수 있다.

(1) 비핵화의 대상은 한반도 전역이다.
(2) 목표는 단기적으로 대북 제재 해제, 최종적으로는 평화협정 체결, 영구적 체제 안전보장 확보를 지향한다.
(3) 시기는 대내외 상황 변화에 따라 속도를 조절한다.
(4) 방법은 단계적, 동시적 조치를 근간으로 하되, 협상 동력 유지와 주도권 장악을 위한 조건 없는 선제조치와 압박전술을 가미한다.
(5) 협상과 병행하여 파키스탄 식의 핵보유국 가능성을 지속 모색한다.

트럼프와 김정은의 북핵 해법은 그야말로 물과 기름처럼 함께할 수 없는 것이었다. 합의 또는 이행이 원천적으로 불가능했다. 그런데도 그동안 마치 무엇이 이뤄질 수 있는 것처럼 포장했다. 결과는 협상의 파국이었고 북한의 핵·미사일 전력 강화뿐이었다.

바이든의 새로운 북핵 해법

2021년 1월 미국 제46대 대통령에 취임한 조 바이든은 트럼프와는 완전히 다른 인물이다. 트럼프는 파격(surprise)과 보여 주기(show-up)를 즐기는 사업가 출신 대통령이었던 반면에 바이든은 정통 외교안보통이다. 그는 30세에 상원의원에 당선되어 의회 경력 거의 대부분을 외교안보분과에서 활동해 왔으며 특히 오바마 정부 시절에는 8년 동안 부통령직(당연직 상원의장)까지 수행한, 그야말로 국제문제에 대한 지식과 경험이 그 어떤 지도자보다도 풍부한 정치인이다.

바이든은 자유민주주의의 가치와 동맹을 우선시하며, 하향식이 아닌 상향식(보텀업)의 협상을 선호한다. 미국 우선주의(America First)를 외치며 일방적이고 돌발적인 행태를 보인 전임자와는 다르다. 글로벌 협력(globalism)과 절차를 중시하는 예측 가능한 지도자이다. 따라서 대중국 압박 정책을 제외한 대부분의 정책 기조를 '탈트럼프(anything but Trump, ABT)' 쪽으로 가닥을 잡고 있다. 북핵을 비롯한 대북 정책에 대한 입장도 같은 연장선상에 있다.

대북 정책 전면 재검토(review)

바이든 대통령을 비롯한 미국의 안보 라인은 2021년 4월 말경 미국의 과거 대북 정책 전반에 대한 재검토를 마치고 '단호한 억지와 외교'를 근간으로 하는 대북 정책 접근법의 큰 틀을 발표하였으나, 세부적인 내용에 대한 발언에는 신중을 기하고 있다. 5월 21일 워싱턴에서 개최된 한미 정상회담에서도 김정은에게 당근책

바이든 행정부 주요 인사들의 대북 정책 관련 발언

바이든 (대통령)	• 김정은은 폭력배(thug), 독재자다. 트럼프는 3차례의 TV용 미북 정상회담에도 불구하고 단 하나의 구체적 약속도 얻어 내지 못했다. 상황은 오히려 악화되었다. (대선 후보 TV 토론회, 2020. 10) • 미국의 안보와 세계 안보에 심각한 위협이 되는 이란과 북한의 핵 프로그램에 대해 우리는 동맹국들과 긴밀히 협력해 외교와 단호한 억지를 통해 양국이 제기하는 위협에 대처할 것이다. (취임 100일 기념 첫 상·하원 합동연설, 2021. 4)
블링컨 (국무장관)	• 미국도 북한의 비핵화에 집중하고 있으며, 평양의 불법적인 대량살상무기와 탄도미사일 프로그램을 해결하기 위해 동맹국 등과 긴밀히 협력할 것이다. (유엔 군축회의, 2021. 2) • 우리는 외교를 할 준비가 돼 있다. 문제는 북한도 그렇냐는 것이다. (미 ABC 방송 인터뷰, 2021. 5)
설리번 (국가안보 보좌관)	• 장기적으로 봤을 때 북한을 비핵화하는 가능성이 큰 방법은 언젠가 북한의 현 정권이 권력을 갖지 못하게 하는 것이다. 물론 신중한 접근을 해야겠지만 다양한 전략들을 배제할 필요가 없다. (중앙일보-CSIS포럼, 2017. 6)
정 박 (동아태 부차관보)	• 문재인 대통령이 인권을 외치는 탈북단체와 시민단체를 억압해 왔다. 이런 정책은 북핵 문제를 해결하기는커녕 북한 정권의 잘못된 인식을 강화시킬 뿐 아니라 한국의 민주주의도 약화시킬 수 있다. (브루킹스 연구소 보고서 "한국 민주주의에 길게 드리운 북한 그림자", 2021. 1 한국석좌 근무시 작성)

2021년 5월 한미 정상회담시 북한 문제 관련 바이든의 주요 입장

공동성명서	• 문재인 대통령과 바이든 대통령은 한미 상호방위조약에 따른 한국 방어와 한미 연합방위 태세에 대한 상호 공약을 재확인하고, 바이든 대통령은 미국이 가용한 모든 역량을 사용하여 확장 억제를 제공한다는 공약을 확인하였다. 양측은 동맹의 억제 태세 강화를 약속하고 합동 군사 준비 태세 유지의 중요성을 공유하며 조건에 기초한 전작권 전환에 대한 확고한 의지를 다시 한 번 강조하였다. • 문재인 대통령과 바이든 대통령은 한반도의 비핵화에 대한 공동의 약속과 북한의 핵·탄도미사일 프로그램을 다루어 나가고자 하는 양측의 의지를 강조하였으며, 북한을 포함한 국제사회가 유엔 안보리 관련 결의를 완전히 이행할 것을 촉구하였다. • 문재인 대통령은 한국과 미국의 안보를 향상시키는 실질적인 진전을 위해 북한과의 외교에 열려 있고, 이를 모색한다는, 잘 조율되고 실용적인 접근법을 취하는 미국의 대북 정책 검토가 완료된 것을 환영하였다. • 양측은 또한 2018년 판문점 선언과 싱가포르 공동성명 등 기존의 남북 간, 미북 간 약속에 기초한 외교와 대화가 한반도의 완전한 비핵화와 항구적 평화 정착을 이루는 데 필수적이라는 공동의 믿음을 재확인하였다. • 바이든 대통령은 또한 남북 대화와 관여, 협력에 대한 지지를 표명하였다. • 양측은 북한의 인권 상황을 개선하기 위해 협력한다는 데 동의하고, 가장 도움을 필요로 하는 북한 주민들에 대한 인도적 지원을 계속 추진키로 약속하였다. • 양측은 또한 남북 이산가족 상봉 촉진을 지원한다는 의지를 공유하였다. • 양측은 양측의 대북 접근법이 완전히 일치되도록 조율해 나가기로 합의하였다.
기자회견	• 북한의 완전한 비핵화라는 믿을 수 없을 정도로 어려운 목표에 대한 어떤 환상도 없다. 어떤 만남 전에 북한으로부터 비핵화에 관한 약속이 있어야 한다. 북한과 마주 앉기 전에 우리 팀들이 먼저 북한 팀들과 만나야 한다. (바이든)
기타	• 미 국무부 대북특별대표에 성 김 임명

을 제시하기보다는 '한반도의 완전한 비핵화와 유엔의 대북 제재 지속' 입장을 강조하면서 북한과의 실용적이고 조율된 외교를 모색해 나간다는 원칙론적인 입장을 천명하는 데 그쳤다. 앞으로 대북 접촉이 이뤄지더라도 먼저 구체적인 유인책을 내놓기보다는 이런 기조 하에 북한의 핵동결부터 요구하는 다소 원론적인 자세를 취할 가능성이 많다. 즉, 미국 안보 라인의 과거 발언과 한미 정상회담 합의문을 보면, 바이든은 김정은과 쉽게 타협하거나 문재인 대통령의 남북교류협력론에 선뜻 무게를 실어 주기보다는 원칙과 힘을 기초로 북한을 비핵화 협상의 장으로 불러내어 '완전한 비핵화'에 대한 약속을 받아 내는 데 주력할 가능성이 크다.

그렇지만 (1) 북한이 핵·미사일 개발을 거의 완료하여 미 본토가 타격권에 들어와 있는 점, (2) 김정은의 경제난 돌파 의지, (3) 문재인 정부의 빠른 시일내 한반도 평화 프로세스 진척 희망, (4) 2019년 2월 하노이 미북 정상회담 이후 장기 교착 국면에 있는 미·북 협상의 복원을 통한 전임 정부와의 차별성 부각 필요성 등을 종합적으로 고려해 볼 때 바이든 행정부가 북한 이슈를 무한정 방기하거나 강 대 강 국면으로 몰아가지는 않을 것으로 보인다.

시간은 미국 편

이 과정에서 예상되는 바이든 정부의 태도로 가장 먼저, 북한 문제가 중요하기는 하지만 정책의 최우선순위에는 두지 않을 것이라는 점을 들 수 있다. 코로나19 대응, 미·중 패권경쟁, 대선 기간중 두 갈래로 갈라진 민심 수습, 중동 문제 대처 등이 바이든 정부의 현안 중의 현안이다.

둘째, 새로운 안보 라인이 정책의 기본 틀을 짜고 한국, 일본 등과의 조율을 거쳐 최종적인 대북 정책의 세부적인 추진안을 확정하기까지는 앞으로도 어느 정도 시일이 더 소요될 것이다. 일러야 7~8월이고 늦으면 연말까지 갈 수도 있다.

셋째, 대통령을 비롯해 백악관·국무부 안보 라인이 역대 정부 가운데 북한에 대해 가장 정확히 알고 있어 북한의 주장이나 위협, 선전선동에 휘둘리기보다는 차분한 기조 속에서 공세적, 주도적으로 북한을 관리해 나갈 것으로 보인다.

바이든 정부는 과거 부^副책임자 또는 실무자로 북한 문제를 다뤘던 경력자가 대부분이어서 '오바마 2.0 정부'라고 할 수 있을 정도다. 블링컨 국무장관, 셔먼 국무 부장관, 성김 대북특별대표, 설리번 국가안보보좌관, 캠벨 아시아 차르, 엘리엇 강 비확산차관보, 정 박 동아태부차관보 등 한반도를 담당하는 바이든 정부의 안보 라인은 한마디로 대북한 드림팀이다. 당연히 북한의 전략전술과 이중성을 온몸으로 체감하고 있을 것이다. 특히 '동맹'과 '원칙'을 중시하므로 북한과의 빠른 접촉을 통한 가시적인 성과 도출보다는 대한민국 정부와의 사전 조율에 무게를 둘 것이다. 그런 연후에 '페리 프로세스'류의 포괄적 로드맵을 가지고 북한과 접촉할

페리 프로세스

1998년 8월 북한이 대포동 로켓을 발사하고 금창리 지하 의혹 시설에 대한 미국 내 보도가 잇따르는 등 미국과 북한이 미사일 문제로 다시 위기 상황에 빠지자 클린턴 행정부는 대북정책조정관에 페리 전 국방장관을 임명하며 대북 정책 전반을 재조정하게 되었다. 페리 대북조정관은 1999년 5월 북한을 방문, 조명록 제1부위원장 등과 만나 양국 현안을 논의한 뒤 10월 클린턴 정부의 대북 정책을 담은 '페리 프로세스'를 내놓았다.

대북 포용을 기조로 한 페리 보고서는 북한과 미국 등 동맹국들이 상호 위협을 줄이면서 호혜관계를 구축하기 위한 3단계 접근방식을 제시하고 있다. 1단계로 북한의 미사일 발사 중지와 미국의 대북 경제 제재 해제, 2단계로 북한의 핵과 미사일 개발 중단, 마지막으로 북미·북일 관계 정상화와 한반도 평화체제 구축 등을 권고하는 내용이다. 북한이 이를 거부할 경우 수용토록 강력한 조치를 취하되 직접 공격 등은 언급하지 않고 있다. (네이버 지식백과 요약)

것으로 보인다. 혹시 그 이전에 북한과 접촉하더라도 원칙·실무 차원의 대화만 할 것으로 예상된다.

이럴 경우 김정은은 참으로 답답할 것이다. '시간은 북한 편'이라는 말이 더 이상 유효하지 않기 때문이다. '자칫 잘못하다간 핵을 안고 죽을 수 있다'는 공포까지도 느끼게 될 것이다. 말로는 자력갱생을 외치고 있지만, 경제 사정이 악화일로로 치닫고 있어 국면 변화를 통한 수혈이 절실하다.

그렇다고 북한이 미국 신행정부의 관심을 끌기 위해 ICBM이나 SLBM 시험발사를 한다면 자칫 역효과가 날 가능성이 크다. 전략미사일 시험발사는 2020년 미국 대선(11. 3) 이전에는 '대선 전 시험발사, 대선 후 핵군축 협상'이라는 틀에서 가능성이 있었다. 그렇지만 2020년 1월 당 창건 75주년과 2021년 8차 당대회 기념 열병식장에서 이미 이들 미사일을 공개, 과시했으므로 지금은 그다지 효과적인 옵션이 아니다. 물론 바이든 행정부가 북한을 의도적으로 무시할 경우에는 관심 유도와 압박을 위해 단거리 탄도미사일과 같은 저강도 도발이 아닌 신형 ICBM 시험발사 등 고강도 도발 카드를 다시 꺼내들 수는 있다.

따라서 북한은 2021년 8차 당대회에서 결정한 '정면돌파전 2.0', '핵·경제건설 병진노선 2.0' 기조를 견지하면서 북·중동맹 강화를 통한 버티기와 대미 기싸움, 물밑 대화를 병행해 나갈 것으로 예상된다. 이러한 사실은 ①북한이 한미 정상회담이 종료된 후 왕이 중국 외교부장과 이용남 주중 대사 간 팔뚝걸기 회동 사진 공개(5. 27)를 통해 중국과의 튼튼한 결속을 과시한 후, ②10일간의 장고를 끝내고 한미 간 미사일 지침 종료를 비난하면서 "대화 립서비스, 대결 골몰의 이중성", "호전적 대북 정책" 등으로 비난(5. 31 국제평론가 김명철)하고 나온 점, ③김정은이 "고도의 격동태세 견지"(6. 11 당중앙군사위원회), "대화와 대결 모두 준비, 특히 대결은 더욱 빈틈없이 준비"(6. 17 당전원회의) 지시를 하달한 점에서 잘 알 수 있다. 이로 볼 때 향후 북한은 섣불리 대화의 장에 복귀하기보다는 사정 및 검열활동 강화를 통한 내부 결속 도모, 경제발전 5개년계획(2021~25) 이행 독려, 중국으로부터의 강화된 경제·외교적 지원 확보, 8월 한미 합동군사훈련 중지 등 미국의 적대시 정책 철회 압박, 한국내 친북 세력의 평화통일투쟁 선동 등을 도모해 나갈 것으로 보인다.

앞으로도 강 대 강, 선 대 선의 원칙에서 미국을 상대할 것임을 엄숙히 천명한다. (……) 북남관계 회복, 활성화 여부는 전적으로 남조선 당국의 태도에 달려 있다. 대가는 지불한 만큼, 노력한 만큼 받게 되어 있다. 남조선 당국의 태도 여하에 따라 얼마든지 가까운 시일에 북남관계가 다시 3년 전 봄날과 같이 평화와 번영의 새 출발점으로 돌아갈 수 있다. (김정은, 8차 당대회 사업총화보고, 2021. 1)

대화에도 대결에도 다 준비되어 있어야 하며 특히 대결에는 더욱 빈틈없이 준비되어 있어야 한다. 시시각각 변화되는 상황에 예민하고 기민하게 반응대응하며 조선반도 정세를 안정적으로 관리해 나가는 데 주력해 나가야 한다. (김정은, 당 제8기 3차 전원회의 연설, 2021. 6)

바이든 행정부 대북 정책 기조
원칙과 절차를 중시하는 미국 신행정부의 출범으로 북핵 문제는 '진실의 순간'에 점차 다가서고 있다. 그러나 핵은 김정은의 대전략을 뒷받침하는 제1수단이다. 북한은 핵을 쉽사리 내려놓지 않을 것이다. 북한의 이른바 '변수형 비핵화 전략'은 핵·미사일을 개발할 때는 물론이고 개발 완료·실전 배치 상황에서도 계속 유효한 전략전술이다. 따라서 북한은 핵·미사일 고도화와 함께 '핵군축, 경제 제재 해제'를 위한 대화 재개를 조심스럽게 타진해 나갈 것으로 보인다.

바이든 정부도 김정은과 비슷한 자세를 견지할 것으로 보인다. 즉, 코로나19 대처 등 긴급 현안이 산적한 데다, 북한이 사실상의 핵·미사일 강국으로 발전함에 따라 북핵 해법도 만만치 않아졌기 때문이다. 따라서 트럼프의 빅딜(일괄타결)식 해법에 기초한 독단적 협상을 추진하기보다는 '선 한미 조율, 후 대북 협상'의 경로를 따를 가능성이 크다. 2021년 4월 30일 젠 샤키 백악관 대변인은 바이든 정부의 대북 정책 검토가 완료되었다고 하면서 "한반도의 완전한 비핵화(CVID)라는 목표가 유지되며, 일괄타결 달성에 초점을 두지 않고 전략적 인내에도 의존하지 않을 것이다. 북한과의 외교를 모색하는 실용적이고 조정된 접근"이라고 밝혔다. 시간적으로 단기보다는 중장기, 대상은 핵·미사일을 넘어 인권 문제까지 포함하며, 방식은 양자보다는 양자+다자 또는 다자회담을 선호할 것으로 보인다. 특히 문재인 정부와 세부 조치 사항에 대한 물밑 조율 과정에서 엇박자가 날 경우에는 시간을 끌면서 남북한을 원론적인 수준에서 상대함으로써 김정은을 초조하게 만들고 한미 간 갈등도 우회적으로 회피해 나가려 할 것이다.

　이런 시나리오는 일종의 '오바마의 전략적 인내 2.0 버전'이라고 할 수 있는데, 향후 1년여 정도는 국내외 위기 국면 타파와 세계질서를 선도하는 큰 그림을 그리는 데 주력한 후 김정은을 상대해 나가는 전략전술이다. 북한 문제를 서둘러 단일 의제로 다루기보다는, 여유를 가지고 한미동맹과 미국의 대중국 포위 전략의 한 부분으로 보면서 해결해 나가는 것이다. 이렇게 될 경우 바이든은 김정은을 더욱 초조하게 만들 수 있고, 임기 말의 문제인 정부보다는 2022년 출범하는 대한민국의 새 리더십과 보다 실질적인 논의를 할 수 있기 때문에 호감을 가질 수 있다.

　실제로 바이든은 일본·한국과의 정상회담에 이어 G7 정상회의(6. 11~13), NATO 정상회의(6. 14) 등을 계기로 대중국 압박전선을 더욱 공고하게 구축한 가운데, 북핵 문제와 관련해서도 한미 정상회담과 달리 ①"완전하고, 검증가능하며, 되돌릴수 없는"이라는 표현을 다시 쓰면서 ②모든 국가에 대북제재 준수를 촉구하고 ③논란이 있는 '한반도 비핵화'의 주체를 "북한"이라고 명기함으로써 미국의 진짜 속내를 보여 주었다. 한 발 더 나아가, NATO 정상 공동성명서에는 아예 "북한 비핵화·CVID"로 못 박았다.

　따라서 바이든 정부는 미·북 접촉의 조속한 재개보다는 대한민국 정부와 긴밀한 공조 하에 북한의 완전한 비핵화, 인권 개선, 정상국가화 등을 추진할 수 있는 새로운 대북 정책의 기본 틀(frame),

1999년 '페리 프로세스'와 유사한 북핵 해법을 먼저 성안한 후 북한과의 실무 협상을 추진해 나갈 것으로 예상된다.

미국의 새로운 북핵 해법의 성안 과정과 핵심 기조를 전망해 보면 다음과 같다.

첫째, 미국의 안보 라인은 트럼프의 대북 정책은 물론 과거 미북 간 협상 사례와 합의문들을 총체적으로 재검토, 이를 기초로

한미 공동성명과 G7 공동성명 문안 비교

구분	한미 정상회담	G7 정상회의
비핵화	한반도의 완전한 비핵화에 대한 공동의 약속을 강조했다.	한반도의 완전한 비핵화를 촉구하며, 북한이 불법적 대량살상 무기 및 탄도미사일 프로그램을 검증 가능하며, 돌이킬 수 없이 포기할 것을 촉구한다. * 검증 및 불가역성 명시, 핵포기의 주체를 '북한'으로 명시
제재	북한을 포함한 국제사회가 유엔 안보리 관련 결의를 완전히 이행할 것을 촉구했다.	모든 국가들이 유엔 안보리 결의 및 관련 제재를 완전히 준수할 것을 촉구한다. * '제재' 단어 포함, 결의 준수의 주체를 '모든 국가들'로 명확화
인권	북한 내 인권 상황을 개선하기 위해 협력한다는 데 동의했다.	북한이 모두를 위한 인권을 존중할 것을 다시 한 번 촉구한다. * 인권 존중의 주체를 '북한'으로 명시, 북한 정권을 향한 직접적인 촉구

〈중앙일보〉 2021. 6. 15

공격적인 '페리 프로세스 2.0'(가칭 바이든 프로세스)과 같은 북한 비핵화 로드맵을 성안한다. 신 프로세스에는 비핵화 개념과 방법, 상응 조치 등이 개괄적으로 포함된다. 비핵화 목표는 문재인 정부의 끈질긴 요청에 따라 '한반도 비핵화'로 표기는 하였지만 실제적으로는 북한 비핵화이며, 방법은 빅딜이나 일괄타결이 아니라 '포괄적 로드맵 합의 후 단계적·동시적 상응 조치'를 골자로 한다. 포괄적 로드맵 합의 이전에 '핵동결'을 우선적으로 요구한다. 핵동결에 대한 상응 조치, 특히 대북 적대시 우선 철회 요구에 대한 화답으로 경제 제재 해제 대신에 불가침선언 등 안전보장 관련 '당근'을 제시한다.

둘째, 포괄적 로드맵이 합의되는 시점부터 대북 경제 제재 해제를 시작한다. 단계적·동시적 상응 조치에는 단계별 북한의 핵 신고·검증·폐기 시나리오와 미국의 상응하는 조치가 포함된다.

셋째, 합의를 불이행할 경우에는 스냅백(snap back, 합의 불이행시 제재 강화) 원칙을 적용한다. 당연히 상호적이다.

넷째, 북한에 요구하는 조치에는 비핵화와 별개로 인권 문제도 포함시킨다. 협상은 트럼프가 애호하던 리얼리티 쇼 방식의 정상 간 회담(톱다운)이 아니라 원칙과 절차가 있는 실무협상(보텀업) 형태로 한다. 처음에는 물밑 접촉부터 시작하여 실무급 회담→고위급 회담→정상회담 순으로 수준을 점차 높여 간다. 협상부터 핵폐기 완료까지의 기간을 조급하게 설정하지 않는다. 그렇다고

> **페리 프로세스 2.0(바이든 프로세스)**
>
> 과거 '페리 프로세스'와 이번 '페리 프로세스 2.0'(바이든 프로세스)의 가장 두드
> 러진 차이점은 포용과 압박 중 어느 쪽에 더 무게를 두느냐에 있다.
>
> 바이든은 압박에 좀 더 무게를 둘 가능성이 크다. 바이든 정부는 이 같은 기조 하
> 에 최소한 2021년 9월 유엔 총회 이전까지는 한국·일본 등과의 조율을 거쳐 구체
> 적인 북한 비핵화 프로세스 성안 작업을 완료한 후 북한에 공식 제의할 것으로 예
> 상된다. 물론 그 기간중에 북한과의 기싸움, 물밑 접촉 등을 마다하지는 않을 것
> 이다.
>
> 즉, 미국은 새로운 북핵 해법 초안 작성→대한민국·일본과의 조율→북한과의 물
> 밑 접촉→수정·보완→유엔 총회 또는 특별한 계기에 연설로 공식화하는 단계를
> 밟아 나갈 것으로 전망된다.

마냥 늘리지도 않는다. 이르면 바이든 임기 내, 최소한 차기 임기
(2029년 1월)까지는 북한 비핵화를 완료한다. 북한 비핵화에 실패
할 경우, 동북아 핵우산 강화 또는 일본과 대한민국의 자체 핵무
장 방안을 검토한다.

이상의 핵심 기조 내용을 말미 **부록 2**에 요약했다.

북한보다 대한민국 변수 고려

김정은이 가지고 있는 패(협상 카드)는 이미 거의 다 나왔다. 일종
의 상수가 되었다고 할 수 있다.

- 2019년 2월 28일 하노이 미북 정상회담에서 제시한 '영변 핵시설 폐기(북)↔사실상의 제재 해제(미)'를 골자로 하는 '안보 대 경제 교환' 카드
- 2020년 7월 10일 김여정이 발표한 "향후 미국에서 누가 대통령이 되든 미북 대화 구도를 기존의 '비핵화 조치(북)↔경제 제재 해제(미)'에서 '대북 적대시 정책 철회(미)↔조미회담 재개(북)'의 틀로 고쳐야 한다"는 '미북 대화 재개를 위한 안전보장 입구론' 관련 성명
- 2020년 10월 당 창건 75주년과 2021년 1월 8차 당대회 기념 열병식에서의 최첨단 전략미사일 공개
- 2021년 1월 김정은이 8차 당대회에서 강조한 '강 대 강, 선 대 선' 원칙
- 2021년 3월 탄도미사일 발사 재개
- 2021년 6월 김정은이 당전원회의에서 강조한 '대결과 대화 모두 준비' 지시, 김여정의 미국 비난 담화 등

즉, 북한은 사실상의 핵보유국으로서 향후 핵을 포기할 가능성이 그다지 크지 않다. 혹여나 합의가 이루어지더라도 과거 사례처럼 이행 과정에서 합의가 파기될 가능성이 상존한다.

따라서 미국은 북한보다는 대한민국의 행보를 보다 중요한 변수로 볼 가능성이 크다. 마지노선을 밝힌 북한을 일대일로 정면 상대하기보다는, 대한민국을 비롯한 국제사회와의 공조를 통해 북한을 장기적·우회적으로 압박, 관리해 나가는 정책이 보다 효

율적이라는 판단을 할 가능성이 크다. 특히 김정은의 문재인 정부에 대한 전술적 심리 변화(통일전선공작 활동 강화)와 그에 따른 문재인 정부의 반反동맹·민족공조 우선 정책이 북핵 문제와 동북아·세계질서 재편에 미칠 영향에 대해서도 중점적으로 고려할 것으로 보인다.

앞서 얘기한 대로 북한이 바이든 정부와의 직거래(통미봉남通美封南)를 당장 트기는 쉽지 않다. 그래서 북한은 지금은 미국과의 기싸움과 큰 판에서의 승리를 위해 문재인 정부를 무시하고 있지만, 금명간 2018년처럼 또다시 한국 정부를 원 포인트로 활용하려 할 가능성이 있다. 왜냐하면 2021년 하반기는 임기 마지막 해를 맞이한 문재인 정부가 남북 교류협력 재개를 통한 가시적 성과 창출에 목을 매고 있는 데다가 20대 대통령 선거 캠페인이 본격화되는 시기이기 때문이다. 북한의 입장에서는 더없이 좋은 호기다. 물이 들어오고 있는데 노를 젓지 않고 그냥 지나치긴 너무 아쉬운 골든 타임이다. 북한은 2019년 2월 하노이 노딜 이후 문재인 정부를 조롱과 막말, 도발로 완전히 길들여 놓았으니 언제든지 손만 내밀면 된다.

최근 발표되는 각종 경제지표를 보면 북한이 겉으로는 교류협력을 태연하게 거부하고 있지만, 김정은의 속은 시커멓게 타들어 가고 있다. 식량난을 공개적으로 토로하고 있다. 공무원 사살 소각 사건에 대한 발빠른 '전언傳言식 사과', 그리고 당 창건 75주년

연설에서 '남녘 동포에 대한 인사', 8차 당대회에서 "대화 재개 여부는 남측 태도에 달려 있다"고 언급한 것 등은 이런 경우에 대비한 복선일 가능성이 있다.

국무위원장 김정은 동지는 가뜩이나 악성 비루스 병마의 위협으로 신고하고 있는 남녘 동포들에게 도움은커녕 우리 측 수역에서 뜻밖에 불미스러운 일이 발생해 문재인 대통령과 남녘 동포들에게 커다란 실망감을 더해 준 데 대해 대단히 미안하게 생각한다는 뜻을 전하라고 했다. (북한 통일전선부 전통문, 2020. 9. 25)

사랑하는 남녘의 동포들에게도 따뜻한 이 마음을 정히 보내며 하루빨리 이 보건위기가 극복되고 북과 남이 다시 두 손을 마주잡는 날이 찾아오기를 기원한다. (김정은 당 창건 75주년 기념 열병식 축하 연설, 2020. 10. 10)

이처럼 김정은이 시진핑과 문재인을 활용하여 바이든의 입체적 전략전술에 대처하려 할 가능성이 상당히 크다. 과연 문재인 정부는 이에 대해서 어떻게 대응할까? 정상회담 합의 문구대로 미국과의 전략전술적 공조를 택할까, 아니면 정상회담 합의 문구를 자의적으로 해석하여 김정은과의 협력에 무게를 둘까? 미국 정부의 복잡한 계산이 있을 것이다.

대한민국에 선택 압박

바이든은 가치와 동맹, 절차를 중시한다. 당연히 대북 정책도 이에 기초하고 있다. 그런데 북한은 고슴도치 전술로 가시를 잔뜩 세우고 있다. 의욕만 가지고 혼자 다가서다간 다칠 확률이 크다. 자칫 잘못하면 북한의 후견국 중국은 물론이고 문재인의 방어벽까지 넘어야 할지 모른다.

그렇다면 바이든의 선택은 무엇일까? 한마디로, 집안(동맹) 단속을 통한 전열 재정비, 공동대응 전략이다.

바이든은 2021년 5월 한미 정상회담을 통해 문재인 정부와 북한핵 및 전반적 대북 정책의 큰 그림에 대한 합의를 마쳤다. 덧붙여 한·미·일 공동전선 구축과 쿼드(Quad, 미국·일본·인도·호주) 등 미국의 인도·태평양 구상 참여에 대한 원칙적인 동의를 이끌어 냈다. 앞으로 문재인 정부가 비핵화에 앞서 북한과의 교류협력으로 먼저 나가지 말 것을 압박할 것이다.

그럼 대한민국 정부는 어떻게 대응해 나가야 할까?

먼저 북한과 미국처럼 장기적인 관점에서 대처해야 한다. 김정은에게 회담을 읍소하고 바이든에게 "미북 회담에 빨리 나가라"고 재촉해서는 안 된다. 남북한 대화와 교류협력보다는 미국과의 정책 조율에 우선을 두어야 한다. 현 정부 임기 내에 가시적 성과를 도출하려는 마음부터 내려놓아야 한다. 미국의 대아시아 정책과의 공동보조를 기초로 한 북핵 해법 물밑 공동 성안, 대처가 중요하다.

북한의 전략전술적 수사(rhetoric)와 위장평화 공세에 현혹되어 개성 남북연락사무소 폭파와 같은 천인공노할 만행을 새까맣게 잊어서는 안 된다. 한미 연합방위 태세 강화, 북한 인권 공동대응 등 한미 간 합의를 잘 이행하면서, 잘 조율되고 실용적인 대북 외

김정은·트럼프·바이든의 대북 협상 정책 비교

	김정은	트럼프	바이든
대상	한반도 전역 비핵화	북한 비핵화 * 공식 표현은 '한반도 비핵화'	(같음)
목표	단기: 종전선언, 대북 제재 해제 장기: 평화협정 체결 등 영구적 안전보장 확보	최종적이고 완전히 검증된 비핵화(FFVD)	완전한 비핵화(CD) 북한 인권 개선
시기	상황 변화에 따라 속도 조절 (정권 안정 최우선)	가능한 한 임기 내 (속도에는 연연하지 않는다)	(같음)
방법	단계적·동시적 조치 협상 동력 유지 및 주도권 장악을 위한 선제조치	일괄타결, 북한의 단계적·동시적 조치와 접점 모색	잘 조율되고 실용적인 외교 *선 북핵 동결→후 포괄적 로드맵 합의→세부 단계적·동시적 조치(전망)
변수	핵보유국 지위 암중모색	대북 제재 기간 및 강도	(같음)

교를 전개해 나가야 한다.

김정은·바이든·문재인의 시간표

미국의 싱크탱크인 전략국제문제연구소(CSIS)의 존 햄리 소장은 2021년 1월 22일 최종현학술원과 CSIS가 공동개최한 '바이든 시대와 한반도' 웨비나에서 "한국의 지정학적 여건상 북한 이슈에 집중할 수밖에 없을 것이다. 그러나 과연 그것이 세계 11대 경제 대국인 한국이 가장 많은 자원을 투입해야 할 그런 긴급한 문제인가?"라고 되묻고 "한국은 눈앞의 북한이 아니라 한미동맹의 향후 30년을 고민해야 한다"고 역설했다. 코로나19 팬데믹과 미·중 패권경쟁으로 인해 세계질서가 근본적으로 재편되는 세기적 대전환 속에서 국가의 백년대계를 설계해야 하는 대한민국은 정부 당국자는 물론이고 국민들도 햄리 소장의 이 같은 거시적이고 미래지향적인 조언을 한번쯤은 곱씹어 보아야 할 것이다.

꿈꾸는 문재인 정부
문재인 정부의 대북 정책을 대변하는 '한반도 평화 프로세스'라는 말이 어느덧 고유명사화한 느낌이다.

대한민국 국민이라면 이념과 진영을 불문하고 자유롭고 풍요로운 국가 건설, 평화와 통일을 염원할 것이다. 문제는 비전 자체가 틀렸다는 게 아니라, 그것을 실현하기 위한 구체적인 목표와 입체적인 전략전술이 부재하다는 데 있다. 그래서 햄리 소장을 비롯 많은 국내외 전문가들이 현 정부 대북 정책의 문제점을 지적하고, 상당수 국민들은 실망을 넘어 울분까지 토로하고 있는 것이다. 김정은은 비핵화 협상 기간중에도 핵·미사일 능력을 질적, 양적으로 늘리며 문재인 정부를 무시, 공갈, 협박해 왔는데 정부는 "우주의 기운" 운운하며 남북대화와 교류협력 재개만을 신줏단지처럼 모시고 있으니 말이다.

〈토르〉라는 영화를 보면 9개의 세계가 일렬로 정렬할 때 우주의 기운이 강력하게, 또 강대하게 집중되는데, 이것을 컨버전스 (convergence)라고 합니다. 비유하자면, 이와 같이 한반도 평화를 위해 집중된 '대전환의 시간'이 우리 앞에 열리고 있다고 생각합니다. 다시한 번 평화의 봄을 불러올 수 있는 가능성의 시간이 다가오고 있습니다. (이인영 통일부장관 신년사, 2021. 1. 4)

2018년 4월 27일 판문점 도보다리의 풍경이 아직도 눈에 선하다. 남북관계의 크고 작은 악재 속에서도 군사적 충돌 없이 한반도 정세가 어느 시기보다 안정적으로 관리되고 있다. 경색 국면 속에서도 평화가 지속되고 있다. 남북과 북미 간에도 대화와 협력의 물꼬가 트일

수 있길 바란다. (문재인 대통령 기자회견, 2021. 4. 27)

북핵 위협이 코앞에 닥쳐 있는데도 정부는 이상과 소망을 담은 레토릭이나 쏟아내고 있다. 우리가 선의를 보이거나 상대의 억지 요구를 들어 주면 모든 게 해결될 것처럼 행동한다. 비굴하기까지 하다. 마치 딴 나라에 살다가 얼마 전에 돌아온 사람, 대책 없는 몽상가처럼 느껴진다. 오죽하면 인질로 잡힌 피해자가 인질범을 사랑하는 '스톡홀름 증후군'까지 이야기되고 있을까?

추상적이고 개념적인 비전과 목표를 현실세계에서 구현하기 위해서는 당근과 채찍, 굿캅과 배드캅 역할 구분도 서슴지 말아야 하는데, 정부는 착한 아이처럼만 행동하려 한다. 국가안보와 국익을 생각하며 바른 소리를 하는 사람(devil's advocate)을 정부 정책 뒷다리 잡는 사람, 분단주의자로 매도한다. 다양한 수단을 동원하지 않고 합리적인 비판을 수용하지 않는다면 그것은 외눈박이 정책, 외날개로 나는 새와 같다. 당연히 목표 지점에 도달하지 못하고 비전은 한바탕 꿈으로 끝날 것이다.

김정은은 2021년 1월 8차 당대회 사업총화보고와 열병식을 통해 북한이 "세계적인 핵 강국, 군사 강국"임을 강조하면서 핵무기 소형화와 전술핵무기·핵잠수함·정찰위성 등 첨단 전략무기 개발 강화를 공개적으로 지시했다. 3월 말에는 탄도미사일 발사를 재개했다. 한반도에서 핵우산이 철폐되고 주한 미군이 철수하지 않는 한 북한이 핵과 전력미사일을 스스로 포기하지 않을 것이라는 사실은 이로써 더욱 자명해졌다. 정부도 이젠 미몽에서 깨어나, 발을 땅에 딛고 행동해야 한다.

레토릭과 당위를 넘어야

뜨거운 가슴, 냉철한 이성 — 필자가 대북 정책의 모토로 생각하는 열 글자는 앨프리드 마셜이 설파한 경제학자의 덕목과 다르지 않다. 그토록 염원하는 '한반도 평화체제 구축'은 당위와 소망이 담긴 비전과 목표만 가지고는 어림도 없다. '비핵화', '한반도 평화', '교류협력 활성화'라는 레토릭을 넘어, 그것이 이루어질 수 있도록 하는 실제적인 환경 조성, 즉 다양한 전략전술적 압박과 대화를 통해 한반도에 짙게 드리워진 핵그림자를 하나하나 걷어내야 한다. 그러기 위해서는 최소한 핵동결이라도 확실히 조치해야 하는데, 현실은 어떤가? 단 1센티도 진척되지 못했다. 아니, 몇 킬로미터는 후퇴했다고 할 수 있다. 북한이 핵을 먼저 포기해야 대북 제재를 해제하고 교류협력을 할 수 있다는 이른바 '비핵화 입구론'도 실제로 실행에 옮기기에는 모순이 많지만, '선 남북 교류협력론'은 더 큰 문제점을 지니고 있다. 상대에게 핵무기 고도화와 경제난 탈피의 기회를 주는 순진한 발상이기 때문이다.

실제로 북한이 지난 2018년 '한반도의 봄' 기간과 그 이후에도 꾸준히 핵능력을 증강시켜 온 사실이 8차 당대회에서 김정은의 입과 열병식을 통해 직접 확인되었다. 문재인 정부가 그동안 보여준, 그리고 계속 집착하고 있는 일방적인 선의는 국제정치의 규범을 어기고 있는 북한에게 벌이 아닌 상을 주는 꼴이다. 과연 이렇게 해서 김정은을 제대로 관리, 상대할 수 있을까? 햄리 소장이 말한 것처럼, 북한을 잘 상대하기 위해서는 조급해서는 안 되고, 김정은에게 애걸복걸해서는 더더욱 안 된다. 보다 장기적인 안목을 가지고 북한을 넘어 세계를 리드하는 국가가 되고, 지구촌 각국과 함께 북한을 관리, 변화시켜 나가야 한다. 빠른 직선 길도 좋지만, 때로는 돌아서 천천히 가는 것도 하나의 좋은 방안이기 때문이다.

미·북은 장기전 체제, 우리는?

지금부터는 보다 구체적으로 들어가, 핵심 이해당사국인 남북한과 미국이 최근 들어 천명한 입장들을 살펴보자.

김정은은 2021년 새해 벽두부터 지난 5년간의 정책 노선을 총화하고 향후 5년간의 사업 방향을 결정하는 8차 당대회를 개최하여 핵과 자력갱생을 기초로 한 지구전持久戰 체제 정비를 마쳤다. 이후 김정은은 당세포비서대회 폐막사(4. 8)를 통해 '고난의 행군' 정신을 외쳤고, 청년동맹대회 서한(4. 29)에서는 "앞으로 15년 안팎에 사회주의 강국을 건설할 것"을 다짐했다. 6월에 연이어 개최된 당·군회의에서는 "고도의 격동태세 견지"를 강조하였다. 역주행을 선택한 것이다.

와신상담과 대전략에 기초해 움직이는 것을 가볍게 봐서는 안 된다. 특히 8차 당대회 사업총화보고를 통해 핵을 무려 36번이나 언급하며 한·미에 대해 백기를 들고 투항할 것을 옥죄었다.

> 북남관계 회복, 활성화 여부는 전적으로 남조선 당국의 태도에 달려 있다. 첨단 군사장비 반입과 한미 합동군사연습을 중지해야 한다. 남측이 제기하는 방역 협력, 인도주의적 협력, 개별 관광은 비본질적인 문제이다. (······)
>
> 새로운 조미관계 수립의 열쇠는 미국이 대조선 적대시 정책을 철회하는 데 있다. 앞으로도 강 대 강, 선 대 선의 원칙에서 미국을 상대할 것이다. (김정은 8차 당대회 사업총화 보고, 2021. 1)

그런데도 문재인 대통령은 증강된 북한 핵위협에 대한 우려나 경고를 단 한마디도 하지 않았다. 오히려 김정은의 비핵화 의지를 긍정적으로 평가하고 남북대화와 교류협력의 중요성만 되풀이 강조하고 있다. 한 발 더 나아가, 주권국가와 동맹의 고유 권한인 한미 합동군사훈련마저도 북측과 협의할 수 있다는 안보주권 포기성 발언까지 서슴지 않았다.

> 김 위원장의 어떤 평화에 대한 의지, 대화에 대한 의지, 그리고 비핵화에 대한 의지는 분명히 있다고 생각한다. (······)

저는 언제 어디서든 김정은 위원장과 만날 용의가 있다. (……)

한미 합동군사훈련에 대해서 남북 군사공동위원회를 통해서 북한과 협의할 수 있다. (문재인 대통령 신년 기자회견, 2021. 1)

이에 대해 미국은 코로나19, 중국·이란 문제 등 국내외에 산적한 당면 현안 처리와, 트럼프의 톱다운 방식과 미국 우선주의에 입각한 대북 정책의 전면적 재검토를 통한 새로운 해법 모색을 위해 다소 시간적 여유를 가지고 있다. 한·미·일 간 조율이 끝나더라도 북한과 정상이나 고위급 차원의 회담보다는 실무 레벨에서 선先 논의를 추진할 것으로 예상된다.

우리는 북한이 실제로 관여하길 원하는지 그 여부를 기다리고 있다. 공은 그들의 코트에 있다. (블링컨 국무장관, ABC 방송 인터뷰, 2021. 5. 23)

김정은은 갖은 어려움 속에서도 2021년 초부터 8차 당대회를 소집하여 최소 5년 동안의 대계大計 수립을 마쳤다. 미국도 서두르지 않고 차분하게 대북 정책을 전면적으로 재검토(review), 준비하고 있다. 그런데 유독 문재인 정부만 기존 정책의 계승과 남북 교류협력의 조기 복원 필요성만을 주야장천 강조하고 있다. 큰 판을 읽지 못하고 있다. 조급하다. 이러면 정말 안 된다. 긴 호흡을 가지고 차분히 대응해야 한다. 우리도 최소 5년의 계획은 가지고 있어야 한다. 임기가 1년밖에 남지 않은 정부라서 5년이 힘들다면, 1년 계획이라도 가지고 북한과 상대해야 한다. 그런 연후에 차기 정부에 바통을 넘겨주어야 한다.

과연 우리 정부는 이런 생각을 가지고 있을까? '7월 도쿄 하계 올림픽 기회를 잘 활용하면……', '8월 한미 합동군사훈련만 어떻게 해서라도 잘 넘어가면……', '연내에 김정은이 서울 답방만 하면……' 등등 이벤트 식 단기 목표와 가시적 성과에만 집착하고 있는 것은 아닐까?

2022년, 북한 정치사의 상징적 해

시기적으로 2022년은 북한 정치사에서 매우 상징적인 연도다. 김일성 110회 생일, 김정일 80회 생일, 김정은 공식 집권 10년차를 맞이하는 해이기 때문이다. 따라서 북한은 2022년을 김정은 체제의 승리를 부각하는 중요한 정치외교적 계기로 활용할 것으로 전망된다.

향후 1년여의 한반도 정세 흐름을 한번 짚어 보자.

먼저 북한의 입장에서 중요한 모멘텀을 보면, 대내적으로는 백두혈통 우상화 기념일, 정부·당·군 창건일, 김정은 권력 장악 기념일 등이 주요 계기가 될 수 있다.

대남·대외적으로는 한미 합동군사훈련, 도쿄 하계올림픽과 베이징 동계올림픽 등 국제행사, 한국의 제20대 대통령 선거가 중요한 계기로 작용할 것이다.

북한이 행동으로 옮길 수 있는 시나리오로는 핵·미사일 시험, 휴전선·NLL 인근에서의 무력도발, 우회침투, 온·오프라인 테러, 남북·미북·미중 간 다양한 수준의 대화와 교류협력 등을 상정할 수 있다. 즉, 주요 계기에 상황을 주도 또는 반전시키기 위해 벼랑끝 전술, 물밑 대화 등 다양한 수단을 배합하는 움직임을 보일 것이다.

일단, 김정은이 8차 당대회 사업총화보고를 통해 공식 요구했던 한미 합동군사훈련 중지는 한국과 미국이 3월 훈련을 '축소, 컴퓨터 시뮬레이션'으로 실시하여 파국으로 치닫지는 않았다. 김여정이 훈련 말미에 비난 담화(2021. 3. 15)를 발표하고 북침전쟁이라는 비난과 함께 남북대화 거부 시사, 미국의 유화적 대북 정책 촉구를 강조하였다. 외형적으로는 강경한 입장이었지만 남북관계 압박을 통해 미국과의 큰 대화를 성사시키려는 일종의 사석捨石 작전의 냄새가 강하게 났다. 김정은과 바이든의 첫 기싸움, 상견례는 이렇게 넘어갔다. 2021년 3월 25일 북한의 단거리 탄도미사일 발사는 말하자면 여진에 해당하며, 또 다른 강경대응이 있을 수 있다는 경고 시그널을 바이든에게 보낸 것이었다.

앞으로도 북한이 장거리 미사일 발사 등 고강도 도발로 미국을 자극할 가능성도 배제할 수 없으나, 자칫 득보다는 실이 클 수 있으므로 수위를 조절할 것이다. 그 방법은 김여정이 예고했던 조국평화통일위원회(조평통)와 금강산 관광 관련 기구의 해체, 개인과 조직의 비난 담화, 핵·미사일 개발 활동의 전략전술적 공개, 단거리 탄도미사일 시험발사 등을 생각해 볼 수 있다.

한반도 정세 변화에서 앞으로 주목해야 할 계기는 가깝게는 7월 도쿄 하계올림픽, 8월 한미 합동군사훈련, 9월 문재인·김정은의 평양 9·19 공동선언 3주년과 유엔 총회, 대한민국의 20대 대통령 선거(2022. 3. 9) 후보자 선출 및 캠페인 등이 있으며, 2022년에는 1월 김정은 신년사(경제발전 5개년계획 추진 1년 평가, 정책 노선 조정 등), 5월 대한민국 신정부 출범, 11월 미국의 중간선거 등을 꼽을 수 있다.

도쿄 하계올림픽은 북한이 불참을 통보한 사안이긴 하나, 스가 총리가 취임 이후 "김정은과 담판하고 싶다"(2021. 1. 3)는 등 대화 의지를 줄곧 표시하고 있어 '2018년 한반도의 봄' 추억이 있는 김정은이 축하사절단 파견과 같은 형식을 통해 일본에게 유화적인 제스처를 보일 가능성을 배제할 수 없다. 그러나 8월 한미 합동군사훈련은 김정은·바이든 간 기싸움의 최대 분수령이 될 것으로 보인다. 앞서 3월 한미 합동군사훈련은 첫 상견례인 데다가 미국이 먼저 훈련 규모를 축소하고 기동훈련도 배제했기 때문에 북한이 비난 성명, 단거리미사일 시험 발사와 같은 로키(low-key)로 대응했다. 그러나 하반기 훈련은 차원이 조금 다르다. 대한민국과 미국이 한국군 코로나 19 백신 접종 완료, 전시작전권 전환 일정 등으로 인해 실제 기동훈련을 더 이상 연기 또는 축소하기 어려운 상황에서 북한이 '북침전쟁 연습'이라는 구실로 SLBM, ICBM 시험발사로 맞대응할 가능성이 있다. 북한의 입장에서는 자위권, 평등권과 같은 그들의 논리가 먹혀들 환경이 조성된 상황에서 첨단전력 고도화, 협상에서의 몸값 올리기라는 일석이조의 효과를 거둘 수 있기 때문이다. 이런 방식으로 명분(자위권)과 실리(무기 고도화)를 확보한 후에는 군축협상을 위한 수싸움, 물밑협상으로 눈을 돌릴 것이다. 문재인 대통령의 2021년 8·15 경축사, 9월 남북정상회담 3주년 등이 중요한 계기가 될 것이다.

그러나 보다 결정적인 계기는 2022년 2월에 개최될 베이징 동계올림픽이 될 가능성이 크다. 그 이유는 대략 5가지로 대별된다. 첫째, 북한의 자력갱생에 기초한 신경제발전 5개년계획 수행이 1년 정도 경과한 시점이므로 지속 추진 여부를 판단할 수 있다는 점, 둘째, 바이든 정부도 집권 2년차를 맞아 국내외의 혼미한 상황을 어느 정도 정리하고 북한 문제로 눈을 돌릴 수 있는 시기라는 점, 셋째, 한국에서도 3월 초에 제20대 대통령 선거가 예정되어 있는 점, 넷째, 최대 우방국인 중국이 평화 올림픽을 통해 패권국의 위상을 과시하려 할 것이라는 점, 다섯째, 무엇보다도 북한의 핵·미사일 전력 증강이 상당한 수준에 도달할 시점이라는 점 등이 북한의 공세적 행보를 어떤 식으로든 자극할 것으로 보인다.

정리하면, 북한은 당분간 중국을 업고 핵전력 고도화와 자력갱생을 기조로 하는 정면돌파전에 주력하면서 한미 당국의 대처 동향을 지켜볼 것(wait & see)으로 예상된다. 김정은―시진핑 회담도 있을 수 있다. 물론 핵·미사일 실전 배치와 향후 진행될 군축협상에서 우위를 점하기 위한 기싸움과 전략전술적 도발을 병행해 나갈 것이다. 그런 연후에 2021년 8월 한미 합동군사훈련 종료를 기점으로 다양한 수준의 남북미 접촉을 모색할 가능성이 크다. 다시 말해서 김정은의 머릿속에는 2021년까지는 '고난의 행군과 핵전력 강화', 자신의 집권 10주년인 2022년은 '승리자의 해'라는 자기중심적인 시나리오가 서 있을 것으로 추정된다. 좀 더 멀리는 9차 당대회가 열리고 미국의 포스트 바이든 정부가 출범하는 2025년까지를 고려하고 있을 것으로 판단된다.

그러나 이러한 시나리오는 문재인·바이든 간의 공감대, '케미'가 맞아 떨어질 경우다. 혹여나 북한 인권, 북한내 외부 정보 투입, 남북한 교류협력 문제, 한·미·일 삼각협력 체계 복원, 미국 주도의 인도·태평양 공동체 전략 구상 참여 등에서 엇박자가 날 경우에는 한미 정상 합의문과 달리 북핵 문제는 물론 한미동맹에서도 찬바람이 불 수 있다.

대북전단금지법은 '반反 성경·BTS 풍선법'이다. 북한 문제에 관여해 온 시민사회단체를 억압하기 위해 검찰 권력을 정치화했다. (미 하

'북한 너머'를 보며 한미 공조에 최선을

그렇다면 지금 우리가 해야 할 일은 무엇일까? 북한과의 대화와 교류협력 재개일까, 아니면 미국과의 조율이 먼저일까? 우리를 무시하고 위협하는 상대(실제로는 적)인 김정은과의 대화나 이벤트가 먼저여서는 안 된다. 친구(혈맹, 가치동맹)인 바이든 정부와의 허심탄회하고 치밀한 실무 조율, 공동 대처가 우선이어야 한다.

김정은은 강화된 핵·미사일 전력을 과시하며 문재인 정부에게 "백기를 들고 항복하라"고 압박하고 있다. 개정된 당규약에는 아예 '핵무력에 기초한 무력적화통일 노선'까지 명문화했다.

> 조국통일을 위한 투쟁과업 부분에 강력한 국방력으로 근원적인 군사적 위협들을 제압하여 조선반도의 안정과 평화적 환경을 수호한다는 데 대하여 명백히 밝히었다. 이것은 강위력한 국방력에 의거하여 조선반도의 영원한 평화적 안정을 보장하고 조국통일의 역사적 위업을 앞당기려는 우리당의 확고부동한 입장의 반영으로 된다. (조선중앙통신, 2021. 1. 10)

반면에 바이든은 "미국이 돌아왔다(America's back)"를 캐치프레이즈로 내걸고 대한민국을 포함한 동맹들에게 "함께 가자"고 강조하고 있다. 하지만 미중 패권경쟁, 동맹의 재건, 대선 기간중 두 갈래로 갈라진 민심 수습, 트럼프 지우기(ABT) 등의 험난한 노정과 마주서 있다. "사방이 적"이라는 표현이 과언이 아니다.

지금 우리는 바이든과의 공조에 주력해야 할 때다. 임기 마지막 해를 맞은 문 대통령의 마음이 바쁠 것은 안다. 그러나 지금은 바이든이 힘들어 하고 있는 시기다. 우리에게 같이 가자고 얘기하고 있다. 중국을 상대로 '큰 판'도 새로 짜고 있다.

> 우리의 파트너십은 우리가 공유하는 민주적 가치의 풍요로움에 뿌리를 두고 있기 때문에 오랜 세월을 견디고 성장해 왔다. 이는 거래가 아니다. 쥐어짜기 위한 것도 아니다. 중국과의 장기적 경쟁을 위해 함께 준비해야 한다. (뮌헨 안보회의에서 바이든, 2021. 2. 19)

이런 관점에서 지난 5월 한미 정상회담에서 문재인 정부가 기존 정책에 변화를 주어 바이든과의 공감대를 형성하며 한미동맹을 전통적 안보·가치 동맹을 넘어 백신, 기후문제, 반도체, 우주 개발 등 신안보 분야 동맹으로까지 확대한 것은 시의적절한 선택이었다.

아리스토텔레스는 "모든 사람의 친구는 아무의 친구도 아니다 (A friend to all is a friend to none)"라고 말했다. 미국 속담에는 "어려울 때 친구가 진정한 친구(A friend in need is a friend indeed)"라는 말이 있다. 우리만 생각해서는 안 된다. "북한 문제에 우선순위를 두라", "미북 간 대화에 빨리 나가라, 양보하라"고 압박하여 엇박자가 나서는 안 된다. 역지사지의 자세가 필요하며, 차분하게 합리적인 방안을 조율해 나가야 한다. 경제협력 확대, 미국 주도의 인도·태평양 안보협의체 참여, 가치동맹 강화 등 우리 앞에 놓인 난제를 슬기롭게 헤쳐 가면서 '북한 너머(beyond North Korea)'를 봐야 한다.

결론적으로 북핵 해법은 감성이 아닌 이성, 김정은의 시계가 아닌 바이든의 타임테이블에 맞춰 도출해야 한다. 기회의 창은 북한이 아니라, 글로벌 질서 재편을 선도하는 미국에 있다는 점을 한시도 잊어서는 안 된다. 그래야만 북핵 문제의 완전한 해결, 대한민국의 안전과 번영, 한반도 영구평화의 길이 열린다. 안보는 현실이다. 이상이나 소망이 아니다.

제3부

대한민국의 선택

한국에 외교가 있는가?
— 한승주(전 외무부장관)

평화를 원하거든 전쟁에 대비하라
— 베게티우스

미래는 젊은이에게
— 마윈(알리바바 창업자)

07

북한 핵·미사일 대응

김정은은 집권 이후 수많은 것을 희생하며 핵·미사일 개발에 올인해 왔다. 비핵화 협상도 핵을 완성하기 위한 방편으로 활용하고 있다. 이제는 그 마지막 화룡점정을 위해 1년, 5년, 아니 백년 대계를 생각하며 다양한 강·온 전술을 배합하고 있다. 때로는 악마가 되는 것도 서슴지 않는다.

이에 반해 문재인 정부는 이상적인 비전과 목표밖에 보이지 않는다. 세부 전략전술이 없다. 그저 순한 양처럼 행동한다. "늑대가 오고 있다"고 외쳐도 마이동풍이다. 김정은의 선의만 바라보며 한 치 앞의 장밋빛 이벤트에만 매달리다 어언 4년이라는 긴 시간을 그냥 흘려보냈다. 자칫 잘못하다가는 북한의 핵인질이 되어 김정은에게 우리의 곳간을 내어주어야 할지도 모른다. 상상하고 싶지도 않다. 그런데도 2021년 5월 바이든과의 정상회담 결과에 무척 고무되어 있다. 또다시 무지개를 쫓지는 않을지 걱정된다.

2021년 초 한승주 전 외무부장관이 현 정부 안보 정책의 문제점을 진단하면서 내뱉은 쓴소리, "대북 관계에 너무 묶여 있다. 전략적 사고가 부족하다. 급할수록 돌아가야 한다"는 충고가 다시금 귀에 맴돈다.

비핵화 분식합의는 범죄다

북한 비핵화 해법과 관련, 미국과 북한의 입장은 하늘과 땅 차이다. 비핵화의 대상, 목표, 시기, 방법이 각자 다르다. 그래서 회담장에서 만나더라도 겉돌기만 할 뿐 합의를 도출하지 못하는 것이다.

김정은, '북 비핵화' 말한 적 없어

가장 먼저, 미국과 북한 간 비핵화 협상이 시작된 결정적 계기인 대한민국 정부 대북특사단의 역할을 지적하지 않을 수 없다. 2018년 3월 특사단 방북 때 김정은이 교묘하게 던진 '비핵화'라는 세 음절이 '북한 비핵화'가 아니라 '한반도 비핵화'인데도 불구하고 이것을 장밋빛으로 이해한 것이 북핵 문제를 이 지경으로 꼬이게 만든 제1원인이다. 첫 단추를 완전히 잘못 꿴 것이다. 이후

남·북·미가 동상이몽으로 만남을 이어가고, 북한은 핵개발과 협상의 양수겸장에 들어갔다.

국내외에서 많은 사람들이 '김정은의 기만극'을 얘기하는데 이 또한 정확한 표현이 아니다. 거두절미하고 자의적으로 사실을 오도하는 것이다. 김정은과 북한의 공식 매체는 지금까지 단 한 차례도 '북한 비핵화'를 언급한 적이 없다. 김정은이 말한 것은 언제나 '한반도 비핵화', '조건부 비핵화'였다. 그런데 정의용 특사단장(당시 국가안보실장, 현 외교부장관)이 김정은이 던진 미끼를 덥석 물어 문재인, 트럼프에게 왜곡 전달했다.

(제3항, 한반도 비핵화) 북측(김정은)은 한반도 비핵화 의지를 분명히 하였으며 북한에 대한 군사적 위협이 해소되고 북한의 체제 안전이 보장된다면 핵을 보유할 이유가 없다는 점을 명백히 하였다. (정의용 대북특사단장 방북귀환 후 언론 발표문, 2018. 3. 7)

('비핵화' 관련) 북한 지도자 김정은은 비핵화 의지가 있으며, 더 이상의 핵실험이나 미사일 실험을 하지 않겠다고 확약하였다(North Korean leader Kim Jong-un said he is committed to denuclearization. Kim pledged that North Korea will refrain from any further nuclear or missile tests). (정의용의 트럼프 면담 후 백악관 언론 브리핑, 2018. 3. 9)

김정은이 말한 비핵화는 북한 비핵화가 아니라 핵을 가진 주한 미군이 철수한 한반도, 김일성 시대부터 줄곧 강조해 온 이른바 '조선반도 비핵지대화론'의 연장선이었다. 전혀 새로운 것이 아니었다. 더구나, 북한에 대한 군사적 위협 해소 등 선행조건을 단 '조건부 비핵화론'이었다. 더 정확히는 핵을 포기하지 않겠다는 것이었다. 그런데도 정의용 실장은 김정은이 "비핵화 의지를 표명했다"고 국민들에게 설명했고, 트럼프와의 면담 후에는 아예 한반도라는 말조차도 빼고 "비핵화(denuclearization), 즉 북한이 핵을 포기할 의사가 있는 것"으로 브리핑했다.

다음으로, 김정은이 2018년 신년사를 통해 대화와 대결의 입장을 함께 발표했는데도 유화적인 발언만 선택적으로 취한 것이 두 번째 큰 실수다. 김정은은 신년사를 통해 평창 동계올림픽 참가 의사만 밝힌 것이 아니라 핵·미사일 대량 생산과 실전 배치 준비도 함께 지시했는데 말이다.

핵무기 연구 부문과 로케트공업 부문에서는 이미 그 위력과 신뢰성이 확고히 담보된 핵탄두들과 탄도로케트들을 대량 생산하여 실전 배치하는 사업에 박차를 가해 나가야 합니다. (2018년 김정은 신년사)

이후 김정은은 협상이 진행되고 있는 기간중에도 핵·미사일 개발 중단 지시를 하달한 적이 없다. 이에 따라 수많은 핵개발 관련

증거들이 미 국방부와 국제원자력기구(IAEA), 민간연구소 등에서 나왔는데도 우리 정부는 이를 공박하거나 북한에 확인 요청을 한 적이 없다. 오히려 북한의 막말과 한국 패싱에도 불구하고 대화에만 더 목을 매었다. 돌이켜보면 지난 4년 동안 정부는 김정은의 입만 바라보며, 영원히 굴러 내리는 바위를 산으로 옮기는 그리스 신화에 나오는 인물, 시시포스 같은 행태만 되풀이했다.

셋째로, 2019년 12월 한 달 내내 계속된 '크리스마스 선물' 논쟁 때 북한 간부들의 연이은 위협 발언, 2020년 9월 표류한 해수부 공무원 사살 소각 사건 때 김정은의 "미안하다"는 전언식 사과, 2020년 10월 노동당 창건일 열병식장에서의 김정은의 '남녘 동포들에게 보낸 인사' 발언을 비핵화 협상장 복귀와 남북 교류협력의 의지로 해석하는 놀라운 상상력까지 발휘했다. 문 대통령은 "북한이 비핵화하면 국제사회는 상응하는 조치를 취해야 한다"는, 벌어지고 있는 현실과 전혀 동떨어진 발언을 서슴지 않았다. 한 발 더 나아가, 철 지난 종전선언 카드까지 다시 꺼내 들었다. 사안을 긍정적으로 해석하며 해결책을 모색하는 것은 물론 좋다. 그렇지만 북한 핵·미사일 문제는 국가안보, 국민의 생명과 재산이 걸린 중대 문제이다.

겉으론 대결, 물밑에선 대화 기운

2018년 첫 번째 분식합의의 어두운 그림자가 아직 가시지 않은 가운데, 최근 들어 한반도를 둘러싼 국면에 또다시 이상한 기운이 감돌고 있다. 칠흑 같은 국면이 언제 어떻게 변할지 모른다.

문재인 정부는 여전히 남북 간 대화 복원을 오매불망 바라고 있다. 김정은이 손을 내밀기만 하면 덥석 잡을 태세다.

북한도 미국에게 새로운 셈법과 체제 안전 보장을 줄기차게 요구하고 있지만, 더욱 절실한 것은 제재 해제다. 김정은의 통치자금이 고갈되고 경제난이 심화되고 있기 때문이다. 김정은이 지난 6월 당전원회의에서 "대결·대화 모두 준비"를 지시한 것은 언제든지 정책운용에 탄력성을 주려는 신호이다.

국내외적으로 난제가 산적한 바이든 정부도 코로나 19 조기 진화와 국제무대 선도적 지위 복귀에 이어 대북 관계에서 새로운 돌파구 개척 등 트럼프와 차별화된 외교 성과가 필요하다. 북한의 단계적, 동시적 조치를 받아들일 가능성도 배제할 수 없다.

하계, 동계올림픽을 개최할 중국과 일본 등 주변국들도 변화를 바라고 있다.

이런 구조적 환경으로 볼 때, 앞으로도 일정 수준의 기싸움은 진행되겠지만 대타협의 가능성은 상당하다. 그 형태는 '나쁜 합의'라는 비난을 피하면서 각국의 내치^{內治}에 활용할 수 있는 '윈윈 타협'이 될 가능성이 크다.

제2의 분식합의는 금물

평화나 통일이 무조건 좋은 건 아니다. 목표뿐만 아니라 수단과 과정도 정당해야 한다. 평화와 통일은 자유민주주의와 시장경제에 입각해 이루어야 하며, 이런 평화통일은 우리가 힘이 있을 때만 가능하다. 북한의 '변수형 비핵화' 전략에 또다시 농락당한다면 자유 대한민국의 미래는 생각조차 하기 싫을 정도로 암담하다.

기업의 분식회계(window dressing settlement)는 범죄다. 비핵화와 관련된 분식합의는 더 큰 범죄이고, 나라를 통째로 팔아먹는 짓이나 마찬가지다. 국민들도 정부의 어설픈 합의를 묵인하거나 이에 편승하는 일이 있어서는 절대 안 된다. 이러한 행위는 합의를 밥 먹듯이 파기하는 김정은에게 영양제를 수혈해 주는 격이며, 국민의 생명과 재산을 북한이나 주변국에게 그냥 내맡기는 것이나 다름없기 때문이다. 따라서 우리는 포괄적 로드맵에 기초한 완전한 비핵화 합의가 도출될 수 있도록 미국과 철저히 공조해 나가야 한다. 북한의 단계적, 동시적 해법과의 접점을 어느 정도는 모색하더라도, '선 핵동결·비핵화 로드맵' 합의는 반드시 관철시켜야 한다. 이와 함께 북한이 비핵화를 계속 거부할 경우에 대비한 플랜 B도 반드시 검토·준비 해나가야 한다.

핵·미사일 실전 배치 완료 선언에 대비해야

북한의 핵개발은 이제 9부 능선을 넘었다. SLBM이나 ICBM 시험발사 후 실전 배치 완료를 선언하는 상황만 남았다. 이런 국면이 되면 미·북 간 협상도 '비핵화'가 아닌 '핵군축' 협상으로 전환될 수밖에 없다.

북한의 이런 전략전술에 대응할 우리의 대책은 무엇일까?

지금까지 세계는 북한이 핵강국이라고 주장하더라도 기술상의 문제를 넘어 전략적 차원에서 의도적으로 핵보유국으로 인정하지 않았다. 그러나 북한이 SLBM이나 ICBM 시험발사에 성공한다면 더 이상 지금까지의 입장을 고수하기 어려울 것이다. 따라서 우리는 북한의 핵·미사일 실전 배치 완료 선언 이전과 이후, 나아가 실제 도발의 상황까지 가정하고 대책 수립에 만전을 기해야 한다.

미국과 선제 군사공격 한계 사전 조율

김정은이 핵·미사일 실전 배치 완료를 선언하거나 ICBM 시험발사 등 전략도발을 단행할 경우, 미국이 북한 내 도발 원점을 타격하는 것이 온당한가를 놓고 우리 사회 내에서는 의견이 분분하다. 그 어떤 시나리오라도 북한이 일단 일을 저지르고 나면 대응 카드를 꺼내들기 쉽지 않을 것이다. 게다가 김정은은 도발 다음에 곧바로 매혹적인 대화 카드를 제시해 위기를 모면하려 할 가능성이 크다.

한마디로 군사적 대응은 거의 실현 불가능하다. 그 이유는 다섯 가지로 요약된다.

첫째, 북한의 보복 능력이다. 북한은 핵개발을 '모색'하고 있는 국가가 더 이상 아니다. 국제사회가 공식적으로는 북한을 핵보유국으로 인정하지 않고 있지만, 북한이 핵을 최소 20여 기에서 최대 160여 기까지 보유했다는 게 전문가들의 평가이다. 미국 본토까지 도달 가능한 ICBM을 비롯, 전략미사일도 1,200여 기를 보유하고 있다. 미국의 선제공격에 대해 즉각 보복할 수 있는 '세컨더리 스트라이크' 능력을 확보하고 있는 것이다. 주한·주일 미군기지는 물론이고, 정확도는 떨어질지 몰라도 괌, 알래스카, 미 본토까지 언제든 타깃이 될 수 있다.

둘째, 미국의 군사적 대응 의지 문제다. 트럼프 전 대통령은 2017년 유엔 총회 연설에서 '북한 완전 파괴'라는 말까지 써 가며 군사공격 가능성을 얘기했지만, 이후 솔직히 밝혔듯 그것은 협상에서 우위를 점하기 위한 전술적 차원의 발언이었을 뿐이다. 바이든 행정부도 군사행동을 결정하기에는 고려해야 할 요소가 너무 많다.

셋째, 대한민국 정부의 반대가 불을 보듯 뻔하다. 대한민국은 자유민주·평화통일과 침략전쟁 거부를 헌법에 규정하고 있다. 지금 문재인 정부는 북한과의 교류협력과 평화에 더 무게를 두고 있다. 전쟁을 원하지 않는 바닥 민심도 만만치 않을 것이다.

넷째, 중국 등 주변국의 입장도 비슷할 것이다. 중국이 미국의 초강경 군사행동을 묵인할 가능성은 거의 제로다. 최근 미·중 간 패권경쟁이 극으로 치닫고 있는 것도 미국과 중국의 판단에 큰 영향을 줄 것이다. 북한은 전통적으로 중국에게 입술과 같은 존재인 점을 간과해서는 안 된다.

다섯째, 전체주의 국가의 700만이 넘는 정규군과 예비군, 아니, 2,500만 북한 주민이 결사항전할 가능성이 크다.

이 같은 상황에서 미국이 과연 한반도에 발목을 잡히는 선택을 할까? 미국의 대북 군사공격은 이론적으로는 가능하지만 실제로 채택하기는 너무 부담이 큰 카드다. 불가피하게 군사 옵션을 사용해야 할 상황이 발생할 경우에는 우리 정부와의 사전 협의를 거쳐 '서지컬 스트라이크(surgical strike, 김정은을 협상 테이블로 이끌어 내는 수단)'용으로만 활용해야 한다는 점을 미국과 사전 조율해 놓아야 한다.

조기경보 및 3축 체계 완비

한국과 미국 사이에 이렇게 조율된 기조 하에 북한의 도발을 사전 차단하는 데 최선을 다하는 것이 현재로선 최선이다. 대북 정찰활동 강화와 레드라인 사전 경고 등 가용한 수단을 총동원해야 한다. 중국에도 우리 정부의 레드라인을 통보하고, 위기상황이 발생할 경우 국가안보와 자위권 차원에서 사드 추가 도입 같은 미국과의 공조는 피할 수 없다는 메시지를 당당하게 전달해 두어야 한다. 중국의 대북 영향력 행사도 강하게 요청해야 한다.

북한이 핵을 개발하고 있을 때와 핵을 실전 배치하는 단계에 있을 때는 상황이 완전히 다르다. 베이징 9·19 공동성명은 북한핵을 대상으로 했다. 그렇지만 앞으로의 비핵화 협상은 한반도 비핵화, 즉 미국 핵우산 완전 철거와 주한 미군 철수를 포함하는 것으로 180도 바뀌리라는 점에 주목해야 한다. 조만간 북한이 SLBM이나 ICBM 도발에 성공할 경우 주도권은 북한으로 넘어간다. 협상 물건이 북한 비핵화에서 한반도 문제로 바뀐다. 따라서 정부는 미국 바이든 정부와 긴밀히 공조하면서 핵공유협정 체결을 포함한 플랜 B를 보다 적극적으로 검토해 나가야 한다. 한국형 미사일방어체계(KAMD), 킬체인(kill-chain), 대량 응징보복(KMPR)의 3축 체계를 공고화하는 데 더욱 박차를 가해 나가야 함은 물론이다.

북한이 핵을 보유하여 힘의 균형이 깨지면 통일은 자유민주·시장경제를 기본으로 하는 대한민국 체제를 부정하는 북한의 의도대로 끌려갈 수밖에 없다. 국가의 독립, 영토 보전, 자유민주적 기본질서 수호는 대통령의 최우선적 헌법적 책무이다. 핵보유를 국민투표에 붙여 정당성을 확보한 후 미국, 중국 등 국제사회를 설득해야 한

다. 자유 수호를 위한 핵무장은 헌법적으로 정당하다. (이석연 전 법제처
장, 2020. 6. 27)

우리의 길로

핵을 가진 북한과의 평화란 가상세계에서나 있을 수 있다. 승부
사 김정은을 과소평가해선 안 된다. 김정은은 형과 고모부, 측근
들을 독가스와 고사포로 잔인하게 죽이는 독재자다. 앞으로 우리
국민을 향해서도 무슨 짓을 할지 모른다. 긴장감을 가져야 한다.

우리가 가야 할 길은 이념과 진영을 초월한 국민 대통합에 기초
해 '생즉사 사즉생'의 각오로 대응하면서 북한과 중국에게는 당
당하게 안보주권을 강조하고, 미국과는 핵공유협정 체결 등을 통
한 강화된 핵우산 체계 구축과 자주국방 지원 협조를 요구하는
것이다.

정공법 말곤 답이 없다

2019년 10월 23일 북한 〈로동신문〉은 김정은의 금강산 관광지
구 현지지도를 보도하면서, "남에게 의존했던 선임자들의 잘못"
이라며 "금강산 남측 시설을 싹 들어내라"는 김정은의 지시를 대
대적으로 보도했다.

2020년 6월 16일 북한은 김여정의 대남 강경도발 위협 발언의 후속조치의 일환으로 막대한 국민 혈세가 들어간 개성 남북연락사무소를 폭파 해체시켜 버렸다.

이후 북한은 2020년 10월 당 창건 75주년과 2021년 1월 8차 당대회 기념 열병식을 통해 핵·미사일 개발 고도화 의지를 다시금 천명하고 ICBM, SLBM 등 신형 전략무기를 대거 공개했다.

북한의 이러한 일련의 행동은 사안별로 구분돼 있는 것이 아니라 철저한 사전 각본에 입각해 연속선상에서 진행되고 있다. 즉, 미국과의 세기적 담판을 앞둔 상황에서 김정은을 중심으로 내부 결속을 다지면서 벼랑끝 협상을 위한 마지막 수싸움, 총력전을 펴는 것이라 할 수 있다.

'통 큰 분식합의'의 유혹

북한은 영구적인 체제 안전 보장을 줄곧 요구하고 있다. 그렇지만 사실상의 핵보유국인 상황에서 체제 안전은 최종적인 목표이지 당면한 단기 목표는 될 수 없다. 대북 제재로 인해 바닥을 보이기 시작한 김정은의 돈주머니를 채울 외화가 당장 간절하다. 상당수 전문가들은 지금과 같은 제재가 지속된다면 북한이 1~2년을 버티기 어려울 것이라는 전망을 내놓고 있다. 특히 제1 국책사업인 원산 갈마 관광특구 완공도 순연에 순연을 거듭하고 있다. 금강산 관광 재개와 미국의 북한 관광 금지 해제를 통한 매머드급 관광객 유치는 특구의 성공과 실패를 가늠할 열쇠다. 지금과 같은 긴장 상황이 계속된다면 누가 DMZ에서 얼마 떨어지지 않은 리조트를 찾을까? 준공 이후의 텅빈 객실과 해변을 상상해 보면 그 답은 의외로 쉽게 나올 것이다.

이러한 구조적 환경으로 볼 때, 북한과 미국이 '영변+α 사찰·검증과 제재 부분해제' 등을 골자로 한 대타협을 모색할 가능성도 배제할 수 없다. 물론 앞으로도 당분간 시계 제로의 기싸움은 계속될 것이다. 그러나 내치에 활용할 수 있는 '통 큰 분식합의'의 유혹은 떨쳐 버리기 어려울 것이다.

빠른 합의보다 '올바르고 지속 가능한' 합의를

물론 이런 시나리오가 현실화되지 않도록 우리는 눈을 부릅뜨고 경계해야 한다. 북한은 비핵화를 말하고 있지만 실제로는 핵을 포기할 의사가 없다. 비핵화로 가는 길은 그만큼 길고 험난하다. 그래서 미국과의 철두철미한 사전 조율이 중요한다. 다소 시간이 걸리더라도, 올바른 협상을 통해 지속 가능하고 불가역적인 합의를 도출해야 한다.

북한의 겁박에 흔들려서는 안 된다. 지금 김정은은 문재인 정부와의 대화를 전면적으로 거부하면서 무릎에 피가 날 정도로 기어올 것을 요구하고 있다. 미국을 상대로는 불가역적인 체제 안전 보장과 제재 해제를 쟁취하기 위해 치열한 기싸움을 하고 있다.

비핵화 관련 핵심 이해당사국들의 주요 입장

	미국	북한	대한민국	중국
공식	선 비핵화 합의, 후 제재 완화를 통한 완전한 비핵화	영구적인 체제 안전 보장	북한 비핵화	한반도 비핵화
내심	북한의 단계적, 동시적 입장과의 접점 모색	제재 완화, 해제	비핵화와 남북 교류협력 병행	비핵화 및 평화체제 동시 달성
비고	2021년 1월 바이든 정부 출범	2021년 1월 신경제발전 5개년 계획 수립	2022년 3월 제20대 대통령 선거	미중 분쟁 해결 모색

안이한 판단과 성급한 마음, 소리小利에 기초한 어설픈 타협은 국민과 역사 앞에 죄를 짓는 일이다.

비핵화 협상 3원칙

비핵화 협상에서 다음 세 가지 원칙을 견지할 것을 새삼 강조하고자 한다.

첫째, 비핵화의 전 과정을 포괄하는 로드맵 성안에 최우선을 두어야 한다.

둘째, 패스트트랙과 스냅백을 로드맵에 적용해 시간 끌기와 합의 파기를 예방해야 한다. 물론 그 적용은 상호적이어야 한다.

셋째, 이행 과정에 과거핵(핵무기, 핵물질)이 단계별로 일정 비율

포함되도록 해야 한다. 미래→현재→과거핵 순서의 단계적, 점차적 검증과 폐기는 북한의 지연전술이나 핵보유국으로의 회귀 욕구에 매우 취약하다. 북한의 비핵화 해법인 단계적, 동시적 조치를 이행 방안에도 그대로 원용해야 한다.

특히 북한이 대한민국의 국격을 무시하는 행동을 자행할 경우 당당히 대처해야 하며, 비핵화를 지연시키거나 거부할 경우에는 미국의 핵전력 전진배치, 자체 핵무장 등 '공포의 핵균형 플랜 B'로 대응해야 한다. 현 정부는 물론 상당수 전문가들이 자체 핵무장론에 대해 핵확산금지조약(NPT) 위반에 따른 경제 제재, 한미 원자력협정에 따른 미국의 한국 내 핵발전소 연료 지원 중지, 중국 등 주변국의 반발 등 이유를 들어 논의 자체를 거부하고 있으나, 이는 단선적이고 한가한 대응이다. NPT는 국가위기 국면에서는 탈퇴할 수 있다고 규정하고 있으며, 지금은 북한의 핵·미사일 개발이 거의 완료되어 실전 배치되는 단계로 접어들고 있는 안보위기 국면이다. 20년 전, 10년 전의 원론적인 목소리만 계속 낼 상황이 아니다.

각 당사국은 당사국의 주권을 행사함에 있어 본 조약상의 문제에 관련되는 비상사태가 각국의 지상이익을 위태롭게 하고 있음을 결정하는 경우, 본 조약으로부터 탈퇴할 권리를 가진다. (NPT 제10조 1항)

본 협정 또는 대치된 협정에 의거하여 구매 혹은 기타 방법에 의

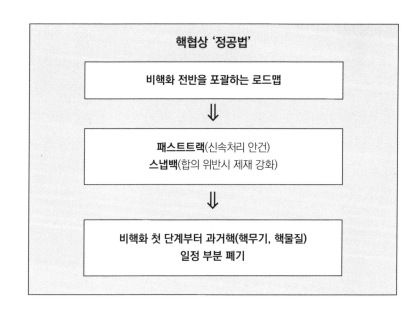

하여 대한민국 정부 또는 대한민국 정부 관할하의 권한을 위임받은 주체에게 양도된 장비와 장치를 포함한 물질과 또한 동 물질, 장비 또는 장치를 사용하여 생산된 특수 핵물질은 원자무기의 제조, 또는 원자무기의 연구 또는 개발, 또는 기타 군사적 목적을 위하여 사용되지 아니하도록 한다. (한미 원자력협정 제10조 2항)

플랜 B(공포의 핵균형)는 비핵화 협상 국면에서도 상대(북한, 중국)를 압박할 수 있는 유용한 카드지만, 보다 근본적으로는 국가의 안전과 국민의 생명을 지켜 줄 최후의 보루다. 북한의 핵위협이 노골화될 경우에는 국제사회도 대한민국의 안보위기를 이해할 수밖에 없으며, 미국에게는 최소한의 차선책(나토식 핵공유협정 체결, 핵잠수함 동해 상시 배치)이라도 시행할 것을 압박할 수 있는 유용한 옵션이다. 특히 핵공유협정 체결은 한·미, 한·미·일, 아시아 차원 등 폭넓게 논의할 수 있는 좋은 재료다. 특히 바이든 정부의 민주주의 구상과 대중국 봉쇄 정책과도 상관성이 있어 안보와 국익 차원에서 심도 있게 검토할 필요가 있다.

미국의 동아시아 정책의 무게중심이 북핵 해결에서 중국 봉쇄로 이동하는 가운데 최근 주목할 만한 목소리가 나오고 있다. 미 시카고 국제문제연구소 주관 아래 각국 전직 고위 관리 16명으로 이뤄진 외교안보 T/F팀은 1년간의 토의 끝에 지난(2019년 2월) 11일 '아시아 핵계획 그룹(ANPG)' 창설이란 대응책을 내놓았다. 이들은 북핵 위협에 맞서기 위해서는 미국과 아시아 동맹국들이 머리를 맞대고 구체적인 핵운용 정책들을 논의할 수 있는 시스템이 절실하다고 주장한다. (중앙일보, 2019. 2. 25)

문제는 대한민국 정부의 의지와 노력이다.

극과 극은 통한다

최근 북한은 우리 정부를 상식 이하로 박대하고 미국과의 협상에서도 강경 일변도 입장을 취하고 있다. 그러나 너무 염려할 필요는 없다. 큰 담판을 앞둔 의도된 행동일 가능성이 크기 때문이다. 다시는 안 볼 듯하다가도 자기가 필요할 때가 되면 언제 그랬냐는 듯이 대화에 나오는 게 우리가 반세기 이상 익히 봐 온 북한의 이중적 행태다. 2018년 비핵화 협상으로 정책을 대전환하기 전에도 핵개발의 가속 페달을 밟으며 한반도를 전쟁 일보직전의 분위기로 몰고 간 전례도 있다.

북한의 벼랑끝 전술에 휘둘려서는 안 된다. 미국의 군축회담식 접근에 들러리를 서서는 더더욱 안 된다. 역사는 강요되거나 불완전한 평화는 반드시 긴장과 대결을 다시 불러온다는 사실을 생생히 보여 준다. 북한의 전략전술에 일희일비하며 대응하기보다는, '북한 비핵화와 체제의 근본적 변화'라는 원칙적, 장기적 대전략에 입각해 때로는 압박, 때로는 포용을 병행해 나가야 한다.

08

대북 정책 기조

통일은 목적이 아니라 과정

2021년 2월 교육부와 통일부가 '2020년 학교 통일교육 실태조사' 결과를 발표했다. 초·중·고 670개교 6만 8,750명을 대상으로 2014년부터 이어지고 있는 법정조사여서 신뢰도가 매우 높다.

통일에 대한 비관론 증가

조사 결과 중 주목되는 것은 먼저, '통일의 필요성과 시점'에 대한 비관론이 2018년 13.7퍼센트에서 2019년 19.4퍼센트, 2020년 24.2퍼센트로 꾸준히 증가하고 있다는 것이다. 평화 인식에 대해서도 부정적인 평가가 더욱 우세해졌다. "남북관계가 평화롭다"

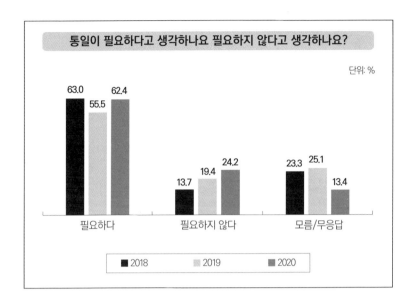

통일이 필요하다고 생각하나요 필요하지 않다고 생각하나요?

단위: %

- 필요하다: 63.0 (2018), 55.5 (2019), 62.4 (2020)
- 필요하지 않다: 13.7 (2018), 19.4 (2019), 24.2 (2020)
- 모름/무응답: 23.3 (2018), 25.1 (2019), 13.4 (2020)

■ 2018　■ 2019　■ 2020

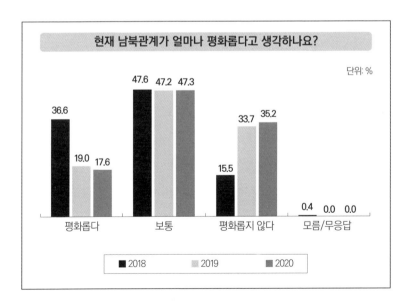

현재 남북관계가 얼마나 평화롭다고 생각하나요?

단위: %

- 평화롭다: 36.6 (2018), 19.0 (2019), 17.6 (2020)
- 보통: 47.6 (2018), 47.2 (2019), 47.3 (2020)
- 평화롭지 않다: 15.5 (2018), 33.7 (2019), 35.2 (2020)
- 모름/무응답: 0.4 (2018), 0.0 (2019), 0.0 (2020)

■ 2018　■ 2019　■ 2020

는 응답은 17.6%에 불과하며, "평화롭지 않다"가 2018년 15.5퍼센트, 2019년 33.7퍼센트, 2020년 35.2퍼센트로 계속 상승하고 있다.

'북한 하면 떠오르는 이미지'는 2019년 조사 때 "전쟁" 31.8퍼센트, "독재" 27.0퍼센트, "한민족" 21.8퍼센트, "가난" 8.0퍼센트 순이었는데, 2020년 조사에서는 이 문항이 빠지고 '남북 평화의 이미지', '통일을 떠올리면 드는 기분' 등으로 대체되었다.

기성세대가 관점을 바꿔야

이러한 조사 결과와 관련, 교육부는 "접경지와 비무장지대 등 현장체험교육과 통일수업 활성화를 통해 평화와 통일에 대한 학생들의 공감대를 확산해 나갈 계획"이라고 밝혔다.

물론 이러한 조치는 당연히 취해야 한다. 그러나 보다 근본적인 질문과 조치가 필요하다. 정부가 통일교육을 해 온 게 어제오늘의 일이 아닌데 이러한 조사 결과가 나오는 이유는 무엇일까? 민족 정체성보다는 글로벌 디지털인△, 이념·명분보다 실용·실익을 더 소중히 생각하는 Z세대의 가치관에서 근본적인 원인을 찾아야 한다. 기성세대의 관점을 주입하는 교육에는 한계가 뚜렷하다.

차라리 이제는 기성세대가 변화한 환경에 맞춰 관점을 바꿔야 할 때다. 평창 동계올림픽 아이스하키 단일팀 논의 때 불공정 문제를 거리낌없이 제기하고, 한류 열풍을 전 세계로 확산시키고 있는 글로벌 세대를 구세대의 시각으로 재단해서는 안 된다. 그보다는, 분단과 전쟁의 아픔을 직접 겪었거나 아픔을 공유하는 기성세대의 통일에 대한 관점이 지금 이 시점에도 과연 맞는지, 특히 온·오프라인으로 전 세계인들과 실시간으로 호흡을 같이하며 살고 있는 새로운 X, Y, Z세대에게 어필할 수 있는지에 대해 제로베이스에서 진지하게 고민해야 한다.

통일지상주의 경계해야

통일은 목적이어서도, 이벤트여서도 안 된다. 통일은 비전이고 과정이다. 남북 간 교류협력은 물론 대한민국 국력의 신장, 북한 비핵화를 위한 전략전술적인 대결 등 모든 것이 그 과정에 망라되어 있다. 그런데 우리 사회에는 이런 이야기를 하면 반^反통일주의자로 낙인 찍는 풍토가 있다. 해방과 분단, 동족상잔, 대립의 70여 년 역사에서 보수 정부나 좌파 정부를 불문하고 통일지상주의를 국민들에게 주입하며 정권 기반 강화에 활용해 온 탓도 크다.

이제는 우리 국민들이 젊은 세대들처럼 보다 솔직해지고 실용적으로 생각해야 하지 않을까? 평화와 통일은 말처럼 쉬운 일이 아니다. 셋 이상만 모여도 불협화음이 있는 게 세상 이치다. 작은 단체나 정당의 통합도 쉽지 않다. 하물며 동족상잔의 전쟁을 일으켰고 지금은 핵과 미사일로 무장한 3대 세습 독재국가와 평화체제를 구축하고 나아가 통일의 길로 간다는 것은 참으로 지난한 과정이 될 것이다. 무리해서 될 일이 전혀 아니다. 설문조사에 응한 학생들을 걱정의 눈초리로 볼 것이 아니라, 현명하다고 생각할 수 있어야 한다.

세계사적으로 통일은 전쟁이나 자체 붕괴에 의한 흡수통일이 대부분이었다. 더구나 우리는 헌법에 평화통일을 천명하고 있다. 그래서 목적이 아니라 과정이 중요한 것이다. 서독처럼 통일을 목표로 내세우지 말고 경제 발전, 내부 통합, 방송 상호 개빙을 비롯한 실질적인 교류협력, 북한 비핵화, 자유시장경제 가치 전파 등에 집중해야 한다. 이 같은 통일의 초석을 하나하나 놓는 과정에서는 김정은의 적화통일 대전략, 주변국의 한반도 현상 유지 선호라는 어마어마한 장애물들을 넘고 또 넘어야 한다. 쉽지 않은 노정이다.

'품격 있는 자유 대한민국' 건설에 주력하면서, 북한과의 합리적인 교류협력을 통해 북한을 글로벌 스탠더드에 맞는 국가로 점차 정상화시켜 나가는 게 바로 통일로 향하는 실천적이고 실용적인 길이다. 통일은 목적이 아니라 과정이다.

'어게인 2018' 위장평화 공세에 대비해야

북한, 문재인 정부를 원포인트로 활용하려 할 가능성

미국의 대북 정책 검토가 끝나고 우려 속에 시작된 첫 한미 정

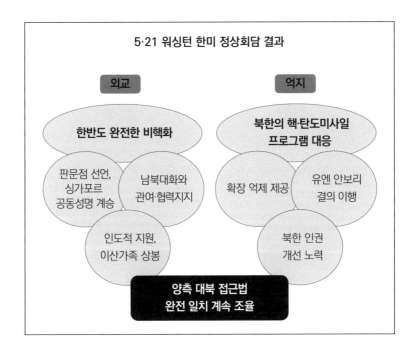

5·21 워싱턴 한미 정상회담 결과

외교

한반도 완전한 비핵화

판문점 선언, 싱가포르 공동성명 계승

남북대화와 관여·협력지지

인도적 지원, 이산가족 상봉

억지

북한의 핵·탄도미사일 프로그램 대응

확장 억제 제공

유엔 안보리 결의 이행

북한 인권 개선 노력

양측 대북 접근법 완전 일치 계속 조율

상회담도 잘 마무리되었다. 비핵화의 개념과 대상 등 넘어야 할 벽은 많지만 대한민국과 미국은 대북한 관여 정책을 추진해 나가기로 합의했다. 그러나 문제는 구체적인 실행(후속조치)이고 북한의 반응이다. 공동성명에는 한국이 강조하는 '외교'와 미국이 외교만큼 중시하는 '억지'가 병치되어 있다. 문재인 정부가 조급한 마음에 자의적으로 한쪽만을 부각하여 북한과의 접촉을 무리하게 추진해 나간다면 미국은 물론 주변국의 천덕꾸러기가 될 수도 있다는 점을 유념해야 할 것이다.

특히 북한은 한·미가 체제 안전 보장책, 대북 제재 해제와 같은 구체적인 '당근'을 제시하지 않고 오히려 유엔의 대북 제재 지속, 북한 인권 문제 공동 대응 등 공격적 입장을 취했기 때문에 정부의 기대와 달리 위기를 더욱 고조시키는 행동을 취할 수도 있다. 김정은이 긴 장고를 끝내고 "고도의 격동태세 견지"(6. 11), "대결·대화 모두 준비"(6. 17)를 지시한 것이 예사롭지 않다. 그러나 북한이 긴장 국면을 조성하더라도 그 기간은 길지 않을 것이며, 적절한 계기가 되면 협상 테이블 복귀를 조심스럽게 노크할 것으로 예상된다. 그럴 경우 회담장에 복귀하는 대가를 요구할 것이지만 미국이 응할 리는 없고, 그 '떡값'은 한국 정부가 고스란히 부담할 가능성이 크다. 2021년은 남북 교류협력 재개에 목을 매고 있는 문재인 정부가 임기 5년차를 맞는 해인 데다가, 내치·경제·외교·방역 모든 면에서 변변한 성과가 없는 정권이 제20대 대통령 선거를 앞두고 남북관계의 가시적 성과, 즉 '어게인 2018'과 같은 분위기를 창출하려고 총력을 경주할 것이기 때문에 북한의 입장에서는 더없이 좋은 호기다.

북한의 통일전선사업 호기 도래

2021년 하반기는 북한이 미국과의 기싸움과 핵·미사일 고도화를 계속 하면서 7월 도쿄 하계올림픽이나 2022년 2월 베이징 동계올림픽 등을 계기로 문재인 정부를 상대로 상·하층 통일전선사업을 시도할 가능성이 그 어느 때보다 큰 시기다. 지금 문재인 정부를 겁박하는 것은 전략전술적 행동일 뿐, 북한의 태도는 언제든지 돌변할 수 있다. 상반기까지가 '핵·미사일 개발 올인'의 시기였다면, 하반기는 '핵위협과 위장평화 공세 병행'의 시기가 될 것이다.

그런 점에서 지난 8차 당대회에서 대남·해외 분야 당규약을 개정한 것이 눈에 뜨인다. 즉, '조국통일을 위한 투쟁 과업' 파트에 "국방력에 의거하여 조선반도의 영원한 평화적 환경을 보장하고 조국통일의 역사적 위업을 앞당긴다"라는 문구를 추가하여 핵 불포기와 무력에 기초한 대남 적화통일 의지를 보다 노골화했으며, 해외 동포 관련 표현도 삽입하여 통일전선사업 기반 확대를 시도했다.

> 해외 동포들의 민주주의적 민족 권리와 이익을 옹호 보장하고 그들을 애국애족의 기치 아래 굳게 묶어 세우며 민족적 자존심과 애국적 열의를 불러일으킬 데 대한 내용을 새로 명기하였다. (8차 당대회 개정 당규약)

한마디로 기존의 '전 한반도 공산화 통일' 전략전술, 유훈의 계승을 넘어 대내·해외·대남 혁명 기반을 더욱 강화하려는 움직임이다.

북한은 사실상의 핵보유국이다. 그리고 한반도 적화통일이라는 체제 목표를 포기하지 않았다. 따라서 우리 정부는 한편으로는 북한의 핵·미사일 도발에 대비하면서 또 한편으로는 평화 공세에도 만반의 대비 태세를 갖추어야 한다. 군의 대간첩침투작전과 국정원을 비롯한 대공기관들의 방첩활동을 총체적으로 재점검해야 한다. 북한의 전략전술적 수사와 위장평화 공세에 취해 김정은의 잔인성과 핵문제의 위험성을 몇 번이나 잊었던 우를 또나시 되풀이해서는 안 된다.

북한과의 대화와 교류협력은 필요하다. 그러나 긴 안목을 가지고 짚을 건 짚고 요구할 건 요구하는 당당한 자세로 북한을 상대해 나가야 상생 공영과 국가의 안전, 그리고 국격을 함께 제고시켜 나갈 수 있다.

북핵·북한을 넘어 세계로, 미래로

10년이면 강산도 변한다는데, 한반도의 허리가 두 동강 난 지 어느덧 76년의 세월이 지났다. 남과 북은 피를 나눈 한 민족이라는 말이 무색하게 오랫동안 다른 체제에서 살아 온 관계로 생각과 행동도 사뭇 달라졌다. 대한민국은 섬 아닌 섬이 돼 있고, 북한은 과거 100여 년 전 조선의 국운이 기울 때처럼 쇄국과 독재로 인해 주민들이 외부 세계와 단절된 채 비참한 생활을 영위하고 있다. 김정은의 핵질주를 하루라도 빨리 멈추게 해야 한다. 그래야만 남북한 주민들이 보다 나은 생활을 할 수 있으며, 한반도 평화체제 구축과 통일 한국이라는 우리의 목표를 이뤄 낼 수 있다.

지금과 같은 방식으로 이같은 소망을 달성할 수 있을까? 아니다. 어렵다. 보다 큰 시각과 현실적인 접근이 필요하다.

강해진 북, 약해진 남

지난 몇 년을 한번 냉철하게 돌아보자. 그간 문재인 정부는 '한반도 평화 프로세스' 구현을 통한 평화체제, 통일 기반 구축에 진력해 왔다. 사실상 한반도 평화 정착 문제가 정책의 최우선순위에 있었다. 그래서 북한이 핵·미사일을 시험할 때는 호들갑을 떨다가도, 북한이 대화의 손만 내밀면 다시 마치 아무 일도 없었던 것처

문재인 정부 하 남북 대차대조표

	북한	대한민국
군사력	핵무기 20~160 보유 신형 미사일 개발, 실전 배치 임박	핵무기 0개 재래식 군사력 증강 어려움
동맹관계	중국·러시아와 관계 긴밀화 미북 관계 개선	한미동맹 균열·복원 한일 관계 최악
리더십	김정은, 글로벌 리더로 자리매김	문재인 정부 신뢰도 저하

럼 행동했다.

정부는 인정하기 싫겠지만, 지난 3년여 동안 북한은 오히려 강해졌고 우리는 약해졌다. 대차대조표를 보면 분명하다. 북한은 20~160여 기에 달하는 핵무기 생산 능력을 갖췄다. 중국과도 더욱 긴밀해졌다. 김정은의 국내외적 권위도 강화되었다. 이에 반해 한국은 2018년 9·19 남북 정상회담 합의로 핵은 고사하고 재래식 군사력 강화의 길마저도 막혔나. 한미 합동군사훈련은 오랜 기간 중단되었다. 미국과의 갈등도 심심치 않게 노정되고 있다. 많은 국민과 우방국들이 문재인 정부의 대북 정책에 의구심을 표시하고 있다.

북핵·북한 문제 너머를 생각하자

북한핵과 북한 문제가 중요하지 않아서가 아니다. 철저히 관리하며 해결해 나가 안보 태세를 튼튼히 다져야 한다. 그리고 한 발더 나아가 보다 장기적, 입체적이고 전략전술적인 사고를 가지고 세계로, 미래로 나아가야 한다. 남북한 간 이슈나 목전의 문제에만 매몰되어 있으면 오히려 문제가 해결되지 않고, 코로나19 이후 4차 산업혁명 시대에 낙오자가 될 수도 있다. 1960~70년대 한강의 기적처럼 2021~30년 사이에 제2의 한강의 기적을 이루고, 매혹적인 선진 대한민국을 건설해 나가야 한다. 이를 위해서는 긴 안목을 가지고 미래에 과감히 도전해야 한다.

세계를 움직이는 패러다임이 바뀌고 있다. 패권경쟁, 인구·환경 위기, 4차 산업혁명의 시대다. 그런데 우리는 그러한 눈높이로 총력 대처하고 있는지 허심탄회하게 고민해야 한다. 구시대적 이념과 진영 논리와 세계관에 머물러 있지는 않은지 처절하게 반성해야 한다.

지구촌 시대에 민족과 통일을 외치며 자기만족에 휩싸여 살고 있지는 않은지?

큰 고기가 돼서도 작은 물고기 시절처럼 한반도라는 작은 웅덩이에만 계속 머물러 있지는 않는지?

전 세계가 이미 자유롭게 왕래하며 소통하고 있는데 왜 굳이 북한을 통해 중국, 러시아, 유럽으로 가려고 하는지?

김정은·김여정은 물론 평양 옥류관 주방장까지 나와서 대통령에게 막말을 해도 왜 가만히만 있는지?

북한이 핵무장하고 중국이 패권을 노리는 동북아에서 한·미·일 삼각협력 관계는 매우 중요한데, 왜 일본과는 그렇게 많은 경제·문화·외교적 희생을 감수하며 각을 세우고 있는지?

반대로 일본보다 더 큰 만행을 수없이 자행했고 지금 이 순간에도 우리를 하대하며 북한 편에 서 있는 중국에 대해서는 왜 목소리 한번 제대로 못 내는지?

이러다가 김정은에 협박당하고, 미국에게는 버림받고, 일본에는 무시당하고, 중국에게는 종속되는 것은 아닐지?

민족을 넘어 세계로

이 모든 문제의 바탕에 바로 기성세대의 아집이 있는 것은 아닌지 반성해야 한다. 과거와 낡은 이념, 민족과 통일에 대한 집착과 우물 안 식 사고의 틀에서 나와야 한다. 북핵·북한 문제를 넘어 세계로 미래로 나아가야 할 지금, '민족과 평화'도 중요하지만 국제사회와 함께 '세계와 평화'를 이야기하며 기여해야 한다. 세계 속의 최우등국가가 되어 자유민주주의와 풍요로움이 자연스럽게 북한으로 차 넘치도록(spill over) 해야 한다. 젊은 독재자 김정은과의 협력에 대한민국의 미래를 맡겨서는 안 된다. 이런 차원에서 북핵 문제 해결의 시간도 조금 더 길게 잡고, 보다 현실적으로 대처해 나갈 필요가 있다. 최선을 다하되 여유를 갖고 추진해야 한다. 심하게 표현하면, 북한 따위는 미국과 국제사회에 일임한다는 마음을 가져도 무방하다. 상세한 내용은 **부록 1**의 '한반도 평화 체제 구축을 위한 장전(안)'에 소개했다.

대통령과 관료들이 해외를 순방할 때 북핵·북한 문제 대신 IT, 원전, 자동차 수출, 한류 확산 등 상호교류 증진 문제에 집중하면서 인권, 환경, 민주주의, 유엔 평화유지군 파견 등 인류 보편적 가치 구현과 세계평화 발전에 대해 얘기하는 모습을 보고 싶다(다행히도 워싱턴 한미 정상회담에서 그 가능성을 봤다). 북핵·북한에 대한 무관심이 아니라 한 차원 높은 북한 관리, 매력 국가 전략이다.

직선로가 막히면 우회로로 가야 한다. 그럼 더 좋은 풍광을 즐

길 수 있다. 젊은 세대들은 이미 그렇게 행동하고 있다. 이렇게 앞서 나가는 새세대들을 기성세대의 시각으로 나쁘다고 재단해서는 안 된다. 사회는 이미 IT·네트워크 세대인 젊은 세대가 대세다. 산업화 시대의 주역인 기성세대는 그들로부터 배우며 함께하는 역할로 과감히 변신해야 한다. 박수 치고 지원하는 역할이 더 어울린다.

김정은은 기를 쓰고 핵을 포기하지 않으려 하는데, 우리 정부는 기를 쓰며 교류협력을 하려고 한다. 정상적이지 않다. 물론 교류협력을 통해 비핵화의 길로 간다는 구상이지만, 너무나 순진한 발상이 아닐 수 없다. 김정은이 전혀 다른 셈법을 가지고 있는데 한반도 평화 프로세스가 순조롭게 가동될 수 있을 거라고 생각하는지? 가족이나 작은 집단 사이에서도 함께 일을 해 나가거나 조직을 합치는 게 쉽지 않은데, 정말 평소 세상살이도 이렇게 순진하게 하는지 궁금하다.

차라리 김정은에게 "그래, 할 테면 해 봐라. 우리도 국방 태세를 더욱 튼튼히 해 나갈 것이다. 비핵화 안 하면 당신만 손해다. 세계 속에 우뚝 선 대한민국을 우습게 봤다간 큰코 다친다. 시간을 줄 테니 잘 생각해 보고 답을 달라"는 자신감을 보이며 '우리의 길'을 당당하게 걸어가야 한다. 그러면서 세계질서를 선도해 나가고 있는 미국 등 국제사회와 30년, 아니 백년대계를 논의해야 한다. 그런데 이렇게 자랑스러운 대한민국이 왜 김정은 앞에만 서면 작아지는가? 분명히 말하지만 이것은 대결을 하자는 게 아니라 진정한 평화통일의 길로 가자는 것이다. 남북한 교류협력을 통한 한반도 평화체제 건설은 중요하고 시급하다. 그러나 모든 것은 때와 순서가 있는 법이다.

지금은 튼튼한 안보 태세를 구축하고, 북한에 보다 당당해야 할 때다. 그리고 세계 속의 한국, 세계로 미래로 나아갈 세계사적 전환기다.

09

대북 정책 제언

16자 방침과 5대 실천정신

콤플렉스를 이겨 낸 야망을 지닌 승부사. 독재자, 핵을 휘두르며 대한민국과 국제사회를 협박하는 김정은을 우리는 어떻게 상대해 나가야 할까?

김정은은 충동적으로만 정책을 추진하는 리더가 아니다. 대전략에 기초해 다양한 전략전술을 구사하고 있다. 대전략은 바로 정권 안정, 김씨 일가 영구통치 기반 구축, 한반도 공산화 통일이다. 그리고 이를 뒷받침하는 핵심 수단이 핵·미사일 등 비대칭 전략무기다. 핵협상도 '변수형 비핵화 전략'에 기초하여 능수능란하게 추진하고 있다. 그러므로 우리가 북한의 선의만 믿거나, 반대로 사기라고 매도만 해서는 닭 쫓던 개 지붕 쳐다보는 격이 되거나, 메아리 없는 소리만 외칠 뿐이다. 복합적인 외교 전략전술이므로 더 치밀하고 냉철하게 분석, 대응해야 한다. 안이한 판단에 기초한 '남북 교류협력, 평화지상주의'로는 김정은의 전략적 승부수를 당해 낼 수 없다. 상대는 작은 칼, 큰 칼, 총 등 온갖 것을 들고 있는데 우리는 오직 선의와 단도短刀로만 무장해서는 상대가 될 수 없다.

안보 위기의식 실종

북한이 핵을 개발하고 있을 때와 실전 배치 단계의 상황은 완전히 다르다.

북한핵을 머리에 이고 살지 않으려면 우리도 플랜 B, '공포의 핵균형'을 포함한 모든 옵션을 각오해야 한다. 대북 정책은 물론

북한의 핵개발 대 실전 배치 단계 비교

	핵개발 단계	핵 실전 배치 단계
한국의 역할	중재자, 촉진자	당사자, 핵 인질
주도권	한국, 미국	북한
협상 대상	북한 비핵화	한반도 비핵화, 평화체제
프로세스	단기 협상, 핵 신속 폐기	장기 협상, 핵 불포기·군축
핵심 조치	플랜 A(북한 비핵화)	플랜A+플랜B(자체 핵무장)
급변상황	미국의 대북 군사공격	북한의 핵공갈·공격

국정 운영 전반의 목표를 재조정할 수밖에 없다. 핵을 가진 북한과의 평화는 모래 위에 짓는 집이다. 읍소하며 상대의 처분만 기다리는 건 주권국가의 자세가 아니다. 세계가 찬사를 보내는 대한민국이 더 이상 김정은과 북한에 매달리지 말고 당당하게 우리의 길을 가야 한다. 중국에도 주권국가의 자위권 차원에서 당당히 요구해야 한다.

이를 위해 '유비무환, 국론통합, 주동작위, 적수천석'의 16자 방침을 제안한다.

대북 정책 16자 방침

가장 먼저 유비무환의 자세로 한미 공조와 자주국방 강화를 통해 북한의 도발을 예방해야 한다. 이 과정에서 **국론통합**은 선택이 아니라 필수다. **주동작위**主動作爲, 즉 중재자나 촉진자가 아니라 우리가 적극적 행위자가 되어 핵문제 해결을 주도적으로 추진해야 한다. 단, 서두르면 안 된다. 물방울이 바위를 뚫는 **적수천석**滴水穿石의 마음가짐으로 꾸준히 추진해 나가야 한다.

남북 문제를 이벤트 식으로 접근해서는 안 된다. 김정은에게 주눅 들거나 읍소할 필요도 없다. 세계 각국과 협조하며 자유민주주의와 글로벌 시장경제 원칙에 기초한 풍요로운 대한민국을 건설해 나가는 게 우선이고, 북핵 문제를 비롯한 엉클어진 남북관계는 이에 기초해서 차분히 풀어 나가면 된다.

5대 실천정신

대북 정책 16자 방침을 실천하기 위한 방법으로 5가지의 실천정신을 강조한다.

첫째, 튼튼한 안보 태세 구축이다. 북한의 핵·미사일 능력을 과소평가해서는 안 된다. 김정은은 강화된 핵능력을 기초로 우리를 위협할 수 있다. 개성 연락사무소 폭파와 같은 일이 다시 일어나지 말라는 법이 없다. 비핵화 협상이나 교류협력 추진과는 별도로 자주 국방력과 한미동맹 강화에 주력해야 한다.

둘째, 북한과의 비핵화 협상은 정공법으로 추진해야 한다. 먼저 우리가 당사자라는 인식부터 가져야 한다. 비핵화 개념을 명확히 한 연후에 북핵 폐기 로드맵에 합의해야 한다. 어설픈 협상이나 합의 또는 교류협력 우선주의는 그야말로 유리그릇처럼 깨질 수 있다.

셋째, 당국 간 남북대화는 전략적으로 추진해 나가야 한다. 남북한 간 대화는 주변 4강들이 가질 수 없는 우리만의 중요한 레버리지다. 어떤 상황에서도 북한과의 접촉 채널을 가동하는 것은 남북한 간 위기 관리를 넘어 한반도 패권경쟁에서 주동적으로 처신해 나가기 위한 소중한 자산이다.

넷째, 민간의 인류 보편적 가치 구현 활동을 보장해 주어야 한다. 북핵 해결과 남북 교류협력 추진만이 대북 정책의 전부가 아니다. 북한 주민들의 삶에 관심을 가져야 한다. 북핵 너머를 생각해야 한다. 김정은을 자극할 수 있다는 이유로 민간에서 전개하고 있는 인류 보편적 가치와 자유민주주의 구현 활동을 제어해서는 안 된다. 그것은 독재자의 편에 서는 것이다. 다소 힘들더라도 정도를 걸어야 한다. 북한에 진실을 알리고 자유의 공기, 산소를 주입하는 활동에 대해서는 당당해야 한다. 자유민주주의의 힘은 바로 다양성이다.

> 북한 사회에서 삐라는 원자폭탄보다 더 위력적이다. 중성자가 핵을 뚫고 들어가 핵분열을 일으키는 것처럼 북한 사람들에게 6·25 전쟁의 진상만 제대로 알려주어도 북한 사회는 내부에서 무너진다. (이민복 대북풍선단장)

다섯째, **국민적 동의**다. 국민 여론의 분열은 정부의 대북 정책 수행을 어렵게 하고 북한에 잘못된 시그널을 줄 수 있다. 속도가 조금 더디더라도 다양한 목소리에 귀를 기울여 목소리를 하나로 모으는 과정이 중요한다. 이념을 넘어, 정부를 넘어 정책이 수행되고 계승 발전될 때만이 '시간은 북한 편'이라는 잘못된 남북관계의 틀이 깨지고 자랑스러운 대한민국을 넘어 세계로 나아갈 수 있을 것이다.

2021~22년 한반도는 북핵 문제의 변곡점, 신한반도 질서의 헤게모니를 누가 쥐는가의 결정적 국면에 있다. 대전환기이고 위기

국면이다. 북핵을 그대로 둔 채 교류협력 재개를 논하며 시간을 낭비할 때가 아니다. 코로나19와 미중 패권경쟁 이후의 세계질서 변화에도 적극 대비해야 한다. 이미 김정은은 최후의 승부수, 큰 수를 던지고 있다. 정부도 사중구생死中求生의 정신으로 북한 비핵화와 세계 속의 대한민국 건설을 위해 힘차게 나아가야 할 때다. 보다 냉철하고 크고 넓은 시야가 필요할 때다.

진정한 통일은 탈북민의 행복부터

탈북민 3만 5천 명 시대다. 통일로 가는 길이 우리의 바람과 달리 교착상태에 있는 지금, 우리는 이들에 주목할 필요가 있다.

김정은 집권 이후 핵심 엘리트 계층도 탈북 대열에 합류하는 등 탈북민은 양과 질 모두에서 큰 변화를 보이고 있다. '먼저 온 통일'이라는 핑크빛 레토릭도 있지만, 내부 속사정은 그러나 만만치 않다.

보도에 따르면, 2018년 북한인권정보센터가 실시한 탈북민 설문조사(415명)시 22.9%가 "북한으로 돌아가고 싶다"는 반응을 보인 바 있으며, 2019년 부산시가 464명을 대상으로 직접방문조사를 실시한 결과 생활 애로사항(복수응답)으로 "신체·정신건강 문제"(59.5%), "경제적 어려움"(49.4%), "차별과 무시 경험"(21.8%) 등을 꼽았다.

우리 사회가 통일을 이야기하면서 3만 5천 명 탈북민에게도 행복을 주지 못하는데 어떻게 2,500만 북한 주민들의 마음을 얻을 수 있을지 진지하게 고민해야 한다. 지금은 우리 스스로 할 수 있는 탈북민 정책을 보다 내실화할 대안을 강구할 때다.

생존형 탈북, 기획형 탈북

북한 주민이 탈북하는 동기는 '생존형'과 '기획형'으로 대별할 수 있다.

생존형 탈북은 식량난, 처벌·숙청에 대한 두려움 등에 기인해 북한을 이탈한 것이다. 특히 김정은 체제가 출범한 이후 공개처형이 일상화되면서 간부들은 자신도 언젠가는 고구마 연줄 캐듯 하는 숙청 방식의 희생물이 될 수 있다는 두려움 속에서 생활하고 있다고 한다.

기획 또는 이민형 탈북은 자유세계를 동경하거나 자녀의 미래 등을 고려한 탈북이다. 북한의 국가안전보위성 등 체제보위기관은 해외 체류자에 대해 "머리가 자본주의로 돌았다", "많은 돈을 가지고 있을 것이다"는 의구심을 기본적으로 가지고 있어, 파견자들 사이에는 '귀국 후 언제든지 역적으로 몰릴 수 있다'는 공포감이 팽배해 있다고 한다.

현재 중국 등 국경 지역에 체류중인 탈북민의 정확한 규모를 파악하기는 어렵지만 많게는 30만 명 정도에 이를 것으로 추정된다. 이 가운데 국내에 입국한 사람이 3만 5천여 명이다. 1990년대 초에는 군인 등 특정 계층이 주류를 이루었으나 현재는 간부, 학생, 주부 등 출신이 고르게 분포되어 있다. 그리고 과거에는 식량난이 주된 이유였으나 점차 외부 세계와의 정보 접촉으로 인해 더 나은 삶의 환경을 찾아 이주를 선택하는 비율이 증가하고 있다.

탈북민은 기회이자 위기

북한이탈주민은 우리 사회에 기회이자 위기의 요소다. 무엇보다, 북한 정권 하에서 출생하여 그 사회를 직접 체험한 당사자라는 점에서 그 존재 자체만으로도 통일 역량을 배가시킬 수 있다. 그리고 통일 달성시까지 각 단계별로 중요 역할을 수행할 수 있다. 탈북민은 단기적으로 북한 체제의 변화를 유도하는 촉매제 역할을 수행할 수 있다. 중장기적으로는 급변 사태를 포함한 남북 통합 과정에서 핵심 인력으로서 잠재적 가치가 풍부하다.

그러나 자유민주주의 체제에 대한 올바른 인식을 갖지 못하거나 한국 사회 적응에 실패하는 경우에는 갈등과 위기 요인으로 작용할 수 있다.

바람직한 탈북민 정책

평생을 사회주의 체제에서 살아온 이들이 전혀 다른 환경인 자본주의 사회에 빠른 시간 내에 착근하는 것은 쉬운 일이 아니다. 최근 일부 탈북민이 자살하거나 재입북, 해외 도피를 시도하는 현상은 이러한 부정적 요인이 작용한 대표적인 결과다. 이를 극복하고 함께 가는 길은 무엇일까?

첫째, 정서적 배려와 취업 지원 강화로 이들의 인정감을 제고할 필요가 있다. 탈북민들은 이구동성으로 남북한 간 문화가 너무 달라 적응하기 힘들다고 말한다. 따라서 가장 먼저 주변의 따뜻한 정서적 배려가 필요하다. 취업난과 같은 진입 장벽을 제거해 주는 노력도 병행해 나가야 한다. 이를 위해서는 먼저 대통령이나 총리가 추석이나 연말연시 등 계기에 탈북민을 만나 격려해 주면 사기 진작은 물론 사회 전반의 관심 제고에 큰 도움이 될 것으로 생각된다. 하나원이나 탈북민 가정을 직접 방문하거나, 청와대로 청년 엘리트들을 초청하는 방법을 생각할 수 있다. 북한을 자극할 수 있다며 반대하는 사람이 있을 텐데, 이러한 사고는 진부하고 수동적이다. 북한에 보다 당당해질 필요가 있다. 탈북민은 분명히 대한민국의 국민이다.

김정은의 막가파식 핵 질주로 우리 정부의 운신 폭이 별로 없는 상황에서 우리가 북한을 변화시킬 수 있는 방법 중의 하나가 북한 내부에 '진실의 바람'을 조용하게 불어넣는 것이다. 수단은 방송, 인터넷, 영상물 투입 등 다양하지만, 무엇보다 영향력이 큰 것은 탈북민이 진정으로 행복해 하고, 이런 분위기가 직·간접적으로 북한 주민에게 알려지는 것이다. 현재 탈북민의 70퍼센트 이상이 북한에 송금하며 연락을 주고받고 있다고 한다. 3만 5천여 명의 목소리가 수십만 가족 친지들의 '나팔'을 통해 수백만 주민들에게 전파되어 북한을 변화시켜 나가고 있다. 북핵 위기 국면에서 우리가 실제적으로 할 수 있는 남남통일, 즉 탈북민 정책을 보다 강화시켜 나갈 필요가 있다. 이를 위해서는 물적 지원 강화는 물론이고 이들의 인정감을 고양시키는 활동을 병행해야 한다.

둘째, 탈북민 희망 스토리, 성공신화가 많아져야 한다. 탈북민에 대한 한국 사회의 인식과 정책을 획기적으로 바꿔 나가야 한다. 탈북민 정책의 캐치프레이즈를 '중산층 이상의 삶 보장'으로 간결화하고, 민관 협력 하에 의무형, 맞춤형 정책을 실시해야 한다. 탈북민이 행복해야 대한민국이 건강하다. 그렇지만 탈북민은 기본적으로 약자일 수밖에 없다. 건전한 시민이나 단체와의 자매결연 사업 등 탈북민을 위한 사회적 프로그램을 많이 개발해 이들이 우리 사회에 빠르게 적응, 경쟁할 수 있도록 지원해 주어야 한다.

신문·방송은 흥미 위주로 탈북민을 활용하거나 보도하지 말아야 한다. 사선을 넘어온 이들을 두 번 울려서는 안 된다. 과감한 인식의 전환과 실천이 필요하다. 일단 우리 사회로 오면 행복이 시작되고, 노력하기만 하면 중산층 이상의 생활이 보장된다는 희망 스토리, 성공신화를 확산시켜 나가야 한다.

셋째, 탈북민을 통일운동 관련 공공기관의 주역으로 양성해야 한다. 탈북민이 우리 사회의 주요 포스트에서 당당하게 활동할 수 있는 제도적 장치를 보완해 나가야 한다. 이북5도청, 민주평통 등 북한 관련 국가조직은 이들에게 통일운동의 장을 보다 적극적으로 제공해야 한다. 관련 기관들이 3만 5천여 탈북민 각각에게 합당한 지위와 역할을 부여하고 함께 활동해 나간다면 이들의 인정감은 몰라보게 고양될 것이다. 그리고 수시교육을 통해 북한 급변 사태시 지역관리요원으로 육성해 나간다면 이들의 사기는 하늘을 찌를 것이다.

이런 측면에서 이북5도청을 현재 북한의 행정구역에 걸맞게 재편하는 것도 고려해 봄직하다. 혹시 개인이나 조직이 기득권 지키기나 차별화에 집착한다면 남북통일은 요원할 것이다.

넷째, 엘리트 탈북자의 활용도를 높여야 한다. 고위급 탈북자 수는 엄청나게 늘고 있는 데 비해 이들의 처우와 활용도가 미흡하므로 종합적 관리와 활용이 필요하다. 학위 취득 등 재교육을 통해 인적 활용가치를 지속적으로 제고해 나갈 필요가 있다. 특히 이념과 진영을 떠나 함께하는 대한민국을 만드는 선구자로서의 역할을 수행토록 해야 한다. 탈북민 정착 지침에 기계적으로 매여 이들을 예우하는 데 소홀해서는 안 된다. 필요시에는 파격적인 대우를 해 줄 필요가 있다. "태영호, 지성호가 국회의원이 되었다"는 소식 등 탈북 엘리트들의 근황은 어떤 경로를 통해서든 북한과 해외에 있는 간부들한테로 역류한다. 동료 탈북민들이 북한에서와 같은 정도나 그 이상의 삶을 보장받으며 행복한 생활을 영위하고 있다는 소식이 북한과 해외에 있는 인사들에게 흘러들어 가면 그들의 심리는 크게 동요할 것이다.

다섯째, 위장 탈북자 색출에도 기존 탈북민을 활용할 수 있다. 남북 간 평화와 교류협력이 진척될수록 국정원, 군, 경찰은 북한의 대남 고정간첩망 구축 사업 강화에 보다 적극적으로 대비해야 한다. 탈북민들은 이같은 대공활동, 위장 탈북자 색출에서 그 누구보다도 강점을 발휘할 수 있다.

北정권 아닌 주민을 생각해야

최근 문재인 정부의 탈북민 정책이 도를 지나치고 있다. 김정은 정권과의 교류협력을 추진하는 데 탈북민을 장애물로 인식하고 있는 듯하다. 정부는 소탐대실하지 말아야 한다. 긴 안목으로 대처해 나가야 한다. '먼저 온 통일'에 대해 진정한 관심과 배려가 필요하다. 그리고 언제나 북한 정권이 아닌 주민을 먼저 생각해야 한다.

지금은 코로나 19 사태로 북한이 국경을 폐쇄하고 각국 간 이동이 어려워 탈북민 숫자가 미미해졌지만, 북한 정세가 악화될 경우 북한이탈주민의 규모는 상상을 초월하게 확대될 수 있다. 통일부를 비롯한 정부 부처는 탈북민의 자긍심을 고양하고 핵심 통일 준비 역량으로 육성해 나가는 데 모든 힘을 기울여 나가야 한다.

남북한 새세대 교류사업

해방은 곧 분단이라는 더 큰 아픔으로 이어졌다. 이념과 진영의 논리가 한반도를 뒤덮었다. 급기야 국토가 두 동강 나고, 같은 민족끼리 총부리를 겨누었다. 수백만의 사상자가 발생하는 동족상잔의 아픔을 겪었다. 이후에도 남과 북은 크고 작은 충돌 속에서 대결의식을 키워 왔다. 우리 민족에게는 너무나 가혹한 시련이었다. 그 사이에 간간이 당국 간, 또 민간 사이에 대화와 교류협력이 이루어졌지만 대부분은 이벤트 수준에 머물렀고 상시적, 지속적이고 자유로운 교류로 이어지지 못했다. 제한된 채널마저도 2000년대 들어서는 북한의 핵보유 천명과 미사일 개발로 인해 중단과 재개를 반복하고 있다. 이러는 사이에 남과 북에 사는 사람들의 동질감은 옅어져만 갔다.

이산가족의 사망·노령화

남과 북으로 흩어진 이산가족들의 만남도 정치 논리 속에서 가뭄에 콩 나듯이 이루어져 많은 사람들의 애를 태우고 있다. 이들도 이제 많은 사람들이 사망했고 상봉 신청자의 65퍼센트 이상은 80세를 훌쩍 넘기고 있다. 물리적 시간이 얼마 남지 않았다. 하루라도 빨리 그들의 한을 풀어 주어야 한다. 그런데 현실은 녹록지 않다.

젊은층 교류 전무

이산가족 상봉만큼이나 중요한 게 바로, 새세대들 간의 교류가 해방 이후 전혀 없다는 사실이다. 전쟁 직후 세대부터 청소년들까지 세대에 북한에 가 본 사람이 있을까? 전화나 편지를 해 본 사람이 있을까? 요즘 트렌드인 인터넷·SNS는 언감생심, 금강산 관광도 통제된 지역에서 우리 국민끼리 여행한 것이다. 극히 일부의 관료나 기업가, 체육인, 종교인들만 특정 계기에 북한을 다녀온 게 전부다.

대한민국 국민들은 세계화 물결 속에서 해외 곳곳을 누비고 있고, 인터넷과 SNS 같은 문명의 이기들을 통해 전 세계인들과 실시간으로 소통하고 있다. 한류 음악과 영화가 전 세계를 휩쓸고 한국과 세계는 하나가 되고 있다. 북한만은 예외다. 남북 할 것 없이 거의 대부분의 국민들이 가 보지도 연락하지도 못하고 산 게 어느덧 76년 세월이다. 어쩌다 간간이 보고 듣는 것은 북한 당국의 핵·미사일 위협, 무력도발, 막말과 상식을 넘어 애처롭기까지 한 우리 정부의 인내심, 평화와 통일을 갈구하는 사람들의 메아리 없는 외침만 있을 뿐이다.

북한에 대한 부정적 인식은 사필귀정

이러한 현실이 자라나는 새세대, 미래 대한민국을 책임질 청소년들의 마음속에 어떻게 다가올까?

"북한은 우리를 힘들게 하는 존재, 골칫덩어리다. 한 번도 안 가 보고 친구도 없는데 무슨 정이 들겠나? 통일은 꼭 해야만 하나? 우리가 손해 보는 것 아닌가? 전쟁만 일어나지 않는다면 지금처럼 사는 게 더 좋은 것 아닌가?"

상당수 젊은 세대들의 솔직 토크다.

통일교육, 물론 중요하다. 그러나 민족보다는 글로벌 디지털인, 이념과 명분보다 실용과 실익을 더 소중히 생각하는 Z세대에게 기성세대의 관점을 주입하는 교육으로는 한계가 분명히 있다. 평화와 통일은 쉬운 일이 아니다. "돈을 쫓으면 돈이 달아난다"는 말도 있다. 서독처럼 통일을 목표로 내세우지 말고, 자유롭고 풍요로운 대한민국 건설, 실질적인 남북 교류협력 과정에 집중해야 한다.

온·오프라인에서 남과 북의 새세대들이 만날 수 있게

이렇게 내실을 다지면서, 남과 북의 새세대들이 대결과 차단의 벽을 넘어 온·오프라인에서 함께 자리할 수 있는 기회의 장을 만들어 주어야 한다. 책상 앞 통일교육이나 분단 현장 체험교육 수준을 넘어, 남과 북의 젊은이들이 직접 만나는 장이 절실하다. 개성공단과 금강산 관광사업 재개, 창의적인 물물교환 사업 진행도 중요하다. 이산가족 상봉사업, 징말 시급하다. 그렇지만 남북한의 새세대 교류사업도 더 이상 늦추어서는 안 된다. 북핵을 넘어, 대결을 넘어, 기성세대의 경제문화 교류협력을 넘어 하나의 독립적인 큰 테마로 추진해 나가야 한다.

안 된다는 고정관념에서 벗어나야

물론 쉽지 않은 일이다. 그렇지만 "북한이 호응하지 않을 것이다", "우리 학생들이 무방비로 노출될 것이다"와 같은 고정관념에서 벗어나야 한다. 미리 걱정할 필요가 없다. 일단 시도는 해야 한다. 끊임없이 요구해야 한다. 청소년이 힘들다면 유치원생이라도 시작해야 한다.

북한의 핵위협과 미사일, 막말 폭탄 속에서도 어린이·청소년들의 마음 한켠에 추억과 희망을 만들어 주는 건 기성세대들의 역사적 책무다. 미래 세대들에게 통일 한국의 꿈을 만들어 주어야 한다.

과거와 이념에서 자유로운 30대가 통일부장관에 기용되어 남북관계를 완전히 새롭게 접근하는 상상을 가끔 해 본다. 자, 이제 더 넓은 세계로, 미래로 나아가자!

부록_정책 아이디어

1. 한반도 평화체제 구축을 위한 장전(안) 요지

북핵 폐기, 한반도 평화체제 구축은 당연히 우리의 소망이자 사명이다. 그러나 현실을 직시해야 한다. 잔인무도한 독재자이자 승부사인 김정은과 상대해야 히기 때문이다.

상대의 선의에 기대는 **교류협력 지상주의**도, 미국의 군사공격에 의한 **레짐 체인지**도, 말로는 그럴듯하지만 실제로 실행하긴 어렵다. 보다 현실적이고 실효적인 접근이 필요하다.

【대원칙】 튼튼한 안보 태세 확립과 북한사회 변화 추동

대한민국은 자주국방과 한미동맹에 기초한 안보 태세를 굳건히 한다. 전쟁은 안 되지만, 할 수 있다는 결의는 확고히 해야 한다.

1. 북한핵 폐기 성공(플랜 A)과 실패(플랜 B)를 동시에 대비한다. 완전한 비핵화를 위한 노력을 다방면적으로 전개하되 매몰되어서는 안 된다. 튼튼한 안보 태세 하에 세계 속의 한국으로 나아가는 **우리의 길**에 보다 집중해야 한다.

1. 김정은 정권 붕괴 또는 흡수통일을 의도적으로 추진하지 않는다. 자유민주주의와 시장경제 원칙에 입각한 평화적 통일을 지향한다. 단, 북한 내 급변 사태 발생에는 적극 대비한다.

1. 북한 사회 전반의 변화와 남북한 동질화를 촉진시키는 민·관·군 활동을 다방면적으로 전개한다.

【핵심 전략전술】 기정배합^{奇正配合}으로 '나비 효과' 도모

1. 우리가 '갑'이다

미국·유엔 등 국제사회와 유기적으로 협조, 북한핵을 폐기하기 위해 노력한다. 단, 서두르지 말고 긴 안목을 가지고 추진한다.

○ 김정은에게 읍소하지 말고, '핵을 안고 죽을 것이냐' '핵을 버리고 생존·번영하는 길로 갈 것이냐'를 선택케 해야 한다.

○ 북한 비핵화는 전제조건(입구론)이 아니라 최종 목표(출구론)로 하고, '우리 국방력·경제력 강화+대북 압박·대화'의 전략적 활동에 주력한다.

1. 포괄적 비핵화 로드맵 합의 우선

'공격적인 한국형 전략적 인내(Offensive Korean-style strategic patience,

OKSP)' 정책을 추진한다.

○ 3축 체계에 기초한 자주국방 체계 구축, 한미동맹 강화를 통해 대북 억지력을 더욱 튼튼히 한다.

○ 미국으로 하여금 한국과 미국이 공동으로 성안한 **포괄적 북한 비핵화 로드맵**(선 핵동결, 후 포괄적 합의→세부 단계적·동시적 조치)을 가지고 북측과 협의토록 한다.

○ 대북 경제 제재는 지속적으로 추진하며, 해제는 남·북·미 사이에 포괄적 비핵화 로드맵에 대한 합의가 이루어진 이후부터 점차적으로 시행한다.

○ 북한 인권 개선 등 인류 보편적 가치와 관련된 문제는 핵협상과 별개로 국제사회와 긴밀히 공조 추진한다.

1. 북한을 넘어 세계로

북한 비핵화에 국가 역량을 매몰해선 안 된다. 튼튼한 안보 태세확립과 자유롭고 풍요로운 대한민국 건설에 집중해야 한다.

○ 북한 비핵화 노력과는 별개로 북한이 핵을 포기하지 않을 가능성

이 높은 엄연한 현실을 직시해야 한다.

○ 북한의 대전략과 핵능력을 감안해 볼 때, 북한이 가까운 시일내 핵을 포기하기는 어려운 단계로 접어들었다. 소망성 사고에 기초한 대북 매달리기, 또는 고정관념에 기초한 북한 붕괴론적 접근은 금물이다.

○ 국가안보는 실험의 대상이 아니다. 미국과 핵공유협정 체결, 핵잠수함 동해 상시 배치와 같은 플랜 B를 협의해 나감으로써 북한 도발을 사전 예방해야 한다. 중국에도 북한이 비핵화를 고집하면 안보주권 차원에서 대응해 나갈 수밖에 없음을 분명히 해야 한다.

○ 일본과 미래를 향해 함께 가야 한다. 역사를 잊지 않되, 문제는 삼지 않는 베트남과 남아공을 배워야 한다. 향후 세계질서는 미·중 패권경쟁 속에서 결정된다. 어정쩡한 균형 노선은 양측 모두로부터 배척받는다. 대한민국은 자유민주주의와 시장경제 가치를 공유하며 선도하고 있는 미국, 일본과 함께 해야 한다.

○ 북핵과 민족을 넘어 미래로, 세계로 나아가야 한다. 글로벌 4차 산업혁명 물결 속에서 자유와 인권, IT 기술을 선도하는 세계 일류국가로 발돋움하는 게 우선이다. 이 기회를 놓치면 안 된다. 세계 속의 대한민국이 되어 그 힘이 자연스레 북한으로 스며들게 해야 한다.

1. 필요시 북한과 「한반도 평화체제 구축을 위한 장전」 협의

1991년 남과 북이 채택한 「기본합의서」를 모태로 그동안 합의한 문건들을 재심의, 평화와 자유민주 통일로 가는 실질적 이정표(milestone)를 만든다.

○ 먼저 청와대 국가안보실 주관의 범정부 T/F를 구성하고, 향후 남북한 최고위급·실무급 논의체로 발전시킨다.

○ 장전이 합의되면 남북한 의회의 비준을 받아 시행한다.

2. 포괄적 북한 비핵화 로드맵(안) 요지

	내 용			비고
명칭	바이든 프로세스(공격적 페리 프로세스 2.0)(가칭)			
목표	북한 비핵화 * 한국 비핵화는 이미 완료. 미국의 핵우산은 논의 대상이 아님			
단계별 상응 조치	**구분**	**북한**	**미국**	
	0단계	핵동결선언	불가침선언·인도적 지원	패스트트랙 원칙
	1단계	NPT, IAEA 복귀 핵물질, 핵시설 리스트 제출 ※핵무기도 시범반출 (제3지역)	평양–워싱턴 연락사무소 설치 1단계 경제 제재 해제 및 남북 교류협력	스냅백 원칙
	2단계	사찰, 검증 허용	2단계 경제 제재 해제 및 남북 교류협력	
	3단계	핵폐기 본격화	3단계 경제 제재 해제 및 국제적 경제 지원	
	4단계	핵폐기 완료	평화협정 체결 미북 수교 북한 경제 재건 프로그램 (북한판 마셜 플랜) 시행	

※ 패스트트랙(신속처리) 원칙은 0단계는 물론 각 단계마다 적용됨
※ 스냅백(합의 위반시 제재 강화) 내용에는 대북 제재는 물론이고 미국의 강화된 핵우산 제공, 한국과 일본의 자체 핵무장 허용('공포의 핵균형' 정책) 등도 포함

3. 남북한 경제문화공동체 구상
북한체제 변화를 위한 '5화化' 전략

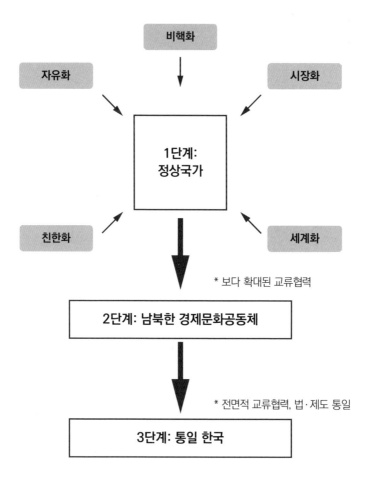

※ 2.5단계(사실상의 통일)까지가 대한민국의 목표, 3단계는 비전이자 차세대의 몫

4. 안보정책 비전과 목표·전략

비전

자유와 민주주의에 기반을 둔 통일 한국 건설

정책 기조

천천히 서둘러라.

– 통일은 목표가 아니라 과정이다.

– 튼튼한 안보에 기초한 자유 대한민국 건설이 우선이다.

– 대화와 압박, 국제사회와의 공조를 통해 북한핵을 폐기시킨다.

남북한 합의 계승 발전

– 「남북 사이의 불가침 및 교류협력에 관한 합의서」(일명 남북기본합의서,
1991. 12)와 「민족공동체 통일방안」(1994. 8)이 근간

– 이 밖에 7·4 공동성명, 6·15 공동선언, 10·4 선언, 9·19 공동성명 등
남북 간에 합의한 정신도 탄력적으로 계승

목표 및 전략

– 자주국방과 협력안보

1) 국군의 자주화·현대화 역량을 지속 강화한다.

2) 혈맹·가치 동맹인 한미동맹을 협력안보의 제1축으로 한다.

3) 주변국과는 전략적 협력동반자 관계를 확대해 나간다.

- 북한 비핵화

  1) 핵동결과 비핵화 로드맵 합의가 제1 우선 과제다.

  2) 국제사회의 보편적 규범과 공조를 기초로 추진한다.

  3) 남북 간 교류협력을 비핵화 합의보다 선행하지 않는다.

- 북한 사회 변화

  1) 인권, 인터넷 개방 등 인류 보편적 가치 문제는 당당히 제기한다.

  2) 북한 권력층 내부와 사회 저변의 다양성을 증진시킨다.

  3) 민간 차원의 북한 자유화 활동을 보장한다.

- 남북 간 동질성 증진

  1) 자유민주주의와 시장경제 원리에 기반한다.

  2) 글로벌 스탠더드에 기초해 교류협력을 추진한다.

  3) 이산가족 및 새세대 간 교류는 최대한 빠르게 시행한다.

북핵·북한을 넘어, 세계와 미래를 향해
'자유롭고 풍요로운 대한민국' 건설이라는
'우리의 길'을 당당하게 간다.

내일이 꿈이고 희망이다

"오늘을 위한 오늘을 살지 말고, 내일을 위한 오늘을 살자."

사망한 독재자 김정일의 어록에 있는 말이다. 주민 착취에 활용된 말이지만, 같은 물을 마셔도 뱀이 마시면 독이 되고 소가 마시면 우유가 된다는 말도 있지 않은가. 바쁜 일상을 살아가며 한번쯤 곱씹어 볼 가치는 있는 말이다.

그 '내일'을 위해 뚜벅뚜벅 걸어온 여정旅程의 끝에 섰다. 김정은과 북한 내부를 정확히 들여다보는 데 도움이 되기를 바라면서, 그리고 대한민국의 올바른 대북 정책 방향을 제시하기 위해 최선을 다해 펜을 움직였다. "위대한 진리는 단순하고 소박하다"(톨스토이)고 했지만 지지知止가 대지大智라, 곳곳에 보이는 모자람은 또 다른 내일을 기약하고자 한다.

2019년 봄에 출간한 『김정은 대해부』, 의욕 하나만 가지고 혼자 개척한 유튜브 '곽길섭 북한정론TV', 그리고 간간이 매체에 기고한 칼럼들이 이번 책의 모태가 되었다. 생소하고 복잡한 북한 관련 이슈를 독자들이 정확하고 쉽게 이해할 수 있도록 풀어서 전달하는 데 중점을 두었다. 학술서적이 아니므로 인용 출처를 엄격하게 명기하지 않았으며, 중요하거나 흐름상 필요한 부분이 중복되는 걸 애써 피하지 않았다.

　　북한 이슈는 더 이상 일부 전문가나 특정 정권, 대한민국만의 독점물이 아니다. 국민의 일상과 늘 함께 있고, 장기적 과제이며, 글로벌 현안이다. 매일같이 홍수처럼 쏟아지는 북한 관련 소식 중에는 '가짜뉴스'도 많다. 이 작은 책을 통해 독자들이 북한과 남북관계의 큰 그림을 그리는 데 작은 도움이라도 되었기 바란다.

　　인생은 같은 곳을 바라보며 함께 걷는 사람이 있어 백 배, 천 배 힘이 난다고 했다. 30년 넘게 북한 관련 외길을 걸어오는 동안 여러 모로 부족한 필자를 한결같이 아끼고 때로 채찍질해 준 큰가족, 동료, 선후배들께 감사드리며, 일일이 이름을 걸지 못함을 송구스럽게 생각한다. 출간을 승낙하고 좋은 책으로 엮어 주신 기파랑의 안병훈 사장님과 박정자 주간님, 김세중 편집위원에게도 감사의 말씀을 전한다. 인생의 반려 권미애, 붕어빵 기광·기욱·기열 삼남매, 맑은 눈을 가진 반려견 누리도 빼놓을 수 없다.

끝으로, 제 인생의 등불이자 사표師表인 어머니 정화영, 안중근 의사, 김상협·김준엽 고려대 총장님들, 영원한 분석관 정진동·오복현 제위께, 그리고 법정스님의 영전에 졸저를 바친다.

2021년 6월
친장산 기슭 원코리아센터에서
수산 곽길섭

알기 쉽게 풀어쓴 '자유 대한민국' 전략노트

김정은과 바이든의 핵시계

초판 1쇄 발행   2021년 7월 15일

지은이   곽길섭
펴낸이   안병훈
펴낸곳   도서출판 기파랑
등 록   2004. 12. 27 제300-2004-204호
주 소   서울시 종로구 대학로8가길 56 동숭빌딩 301호   우편번호 03086
전 화   02-763-8996(편집부) 02-3288-0077(영업마케팅부)
팩 스   02-763-8936
이메일   info@guiparang.com
홈페이지   www.guiparang.com
ⓒ 곽길섭, 2021

ISBN 978-89-6523-585-9   03300